생각보다 이상한
경제 이야기

Think Like an Economist by Anne Rooney

Copyright © Arcturus Holdings Limited
www.arcturuspublishing.com
All rights reserved

Korean language edition ⓒ 2025 by Venus publ

Korean translation rights arranged with Arcturus Publishing Limited through EntersKorea Co., Ltd., Seoul, Korea.

이 책의 한국어판 저작권은 (주)엔터스코리아를 통한 저작권사와의
독점 계약으로 베누스가 소유합니다. 저작권법에 의하여 한국 내에서 보호를 받는
저작물이므로 무단 전재와 무단 복제를 금합니다.

생각보다 이상한 경제 이야기

앤 루니 지음 | 최정임 옮김

베누스

차 례

서문 경제학, 우리 삶에 꼭 필요한 걸까 ········· 006

1부 경제의 시작과 기본 원리 — 돈과 시장은 어떻게 시작되었을까

01 우리는 왜 돈을 사용하게 되었을까 ········· 024
02 물건을 만들려면 무엇이 필요할까 ········· 037
03 수요와 공급은 진짜로 시장을 움직일까 ········· 046
04 가격에는 어떤 가치가 숨어 있을까 ········· 064
05 부유한 나라인지 아닌지 어떻게 판단할까 ········· 079
06 지금의 경제 체제는 처음부터 이랬을까 ········· 093
07 우리가 사는 세상은 자본주의 체제일까 ········· 103
08 세금은 왜 내는 걸까 ········· 114

2부 돈으로 움직이는 사회 — 경제는 어떻게 우리의 삶을 변화시키는가

09 돈을 더 찍어 내면 안 되는 걸까 ········· 126
10 제조업 없이 경제가 돌아갈 수 있을까 ········· 135

11	우리는 무엇에 기꺼이 돈을 쓰는가	143
12	왜 나는 일자리를 구하지 못할까	153
13	국가는 무엇을 소유할 수 있을까	165
14	인플레이션은 좋은 것일까, 나쁜 것일까	175
15	상위 1퍼센트는 왜 더 부유해질까	189
16	농사짓지 않는 농부에게 왜 돈을 줄까	206

3부 세계를 지배하는 돈의 흐름 – 돈은 어떻게 우리를 연결하는가

17	현금 없는 세상, 진짜 오는 걸까	216
18	경제 위기는 어디서부터 시작될까	229
19	긴축 정책은 정말 효과가 있을까	242
20	대형 상점이 사라지는 이유는 뭘까	253
21	주식 시장은 어떻게 작동할까	262
22	원조는 도움이 될까, 방해가 될까	273
23	다국적 기업은 어떻게 세금을 피할까	288
24	국제 무역, 모두가 이득을 보는 걸까	295

경제학, 우리 삶에 꼭 필요한 걸까

경제학(economics)은 우리가 가진 것을
어떻게 사용할지, 자원을 어떻게 분배할지
선택해야 할 필요성에서 비롯된다.

휴가를 떠나는 게 나을까, 아니면 새 소파를 사는 게 나을까? 정부가 교육에 돈을 더 쓰는 게 나을까, 아니면 세금을 줄여 주는 게 나을까? 의료비는 무상으로 지원되어야 할까? 이러한 문제들이 경제학의 중심에 자리 잡고 있다. 그리고 이 문제들에 직면했을 때 한쪽을 선택하는 것이 다른 한쪽을 포기하는 것이라는 걸 알기에 우리는(혹은 정부는) 재원을 어디에 쓸지 선택할 수밖에 없다. 이 문제들은 우리가 희소성에 대처해야 할 때, 즉 한정된 자원을 배분하는 방식을 선택해야 할 때 생긴다.

대부분의 사람에게, 그리고 모든 정부에 돈이라는 자원은 한정되어 있다. 사람들은 소파를 새로 사고 휴가도 떠나기에는 돈이 충분하지 않을 수 있다. 정부도 교육 제도를 개선하면서 동시에 세금을 줄이기에는 충분한 돈을 갖고 있지 않을 수 있다. 이 문제는 돈에 국한되지 않는다. 토지나 시간 또한 한정된 자원이다.

식량, 토지, 주택, 의료, 교육, 교통, 서적 등 모든 것이 풍부하다면 돈이 필요 없을 것이며, 둘 중 하나를 선택하거나 우선순위를 정해야 할 필요도 없으며, 따라서 경제학도 필요 없을 것이다.

희소자원

경제학자들은 우리가 사용하는 모든 것, 즉 식량, 주택, 교통수단 등을 자원이라 부른다. 이러한 자원 대부분은 공급이 한정되어 있다. 경제학 용어로 말하면 희소자원(scarce resource)이다. 경제학자들은 '희소'라는 말을 일반 사람들과는 다르게 사용한다. '눈표범이 희소하다'라는 말처럼 어떤 자원이 진귀하거나 공급이 부족하다는 뜻이 아니다. 그저 공급이 한정되어 있다는 뜻으로, 그 자원이 재생될 수 없거나 소비 속도에 맞게 재생되지 않음을 뜻한다. 석유는 몇몇 국가에서는 풍부하지만, 희소자원에 해당한다. 석유가 언젠가는 바닥

날 것이고 다시 채워질 수 없기 때문이다. 결국, 경제학은 희소자원의 사용 방법을 놓고 선택을 내리는 과정이라 할 수 있다.

본질적으로 공급이 무제한으로 이루어지는 자원은 극소수에 불과하다. 공기, 바닷물, 햇빛, 풍력 등이 그 예다. 경제학자들은 이러한 것들을 자유재(free goods)라고 부른다. 하지만 공기와 바닷물의 경우에도 한계는 있다.

자유재와 희소재

자유재는 자원을 추가로 들이지 않고 생산할 수 있는 재화를 말한다. 컴퓨터 프로그램이나 웹페이지, 전자책 같은 무형의 재화는 자원을 추가로 사용하지 않고 얼마든지 다운로드할 수 있으므로 자유재에 해당한다. 하지만 처음 그것을 만드는 과정에는 시간이나 기술, 노동력의 형태로 자원이 들어간다. 어떤 출판업자가 콘텐츠나 전자책에 요금을 매긴다면 그 물품은 더는 자유재가 아니다. 소비자는 그것을 얻기 위해 자원(돈)을 써야 하기 때문이다. 지적 재산권은 창작 과정에서 사용된 자원을 인정해 자유재를 희소재(scarce goods)로 바꾸어 놓는다.

> **탈희소성 경제**
>
> 일부 미래학자들은 나노 기술이 언젠가 어떤 종류의 물질이든 같은 질량의 다른 물질로 전환할 수 있을 것이라고 예측했다. 그렇게 되면 모든 재화는 아무런 제한 없이 다른 것으로 대체될 수 있으므로 자유재가 될 것이고, 어떤 특정한 종류의 재화에 대한 제한은 사라질 것이다. 이렇게 해서 자원의 희소성이 사라지면 경제는 탈희소성 경제(post-scarcity economy)로 전환될 수 있다.

선택과 포기

희소성으로 인해 사람들은 선택을 할 수밖에 없다. 예를 들어, 여가 시간을 텃밭 가꾸는 데 쓸지, 운동하는 데 쓸지 선택해야 한다. 시간이 한정되어 있으므로 시간을 어떻게 사용하는 게 좋을지 결정할 수밖에 없다. 회사 역시 수익성이 더 높다고 판단되는 곳에 제한되어 있는 인력을 투입해야 하고, 그 직원을 손수레 제조에 쓸지, 사다리 제조에 쓸지 결정해야 한다. 마찬가지로 정부도 복지비를 늘릴지, 도로 건설에 예산을 투입할지 선택해야 한다.

이 모든 경우에서 우리는 비용과 편익을 비교해야 하며, 종종 트레이드오프(trade-off, 어느 하나를 얻으려면 다른 것을 포기해야 하는 경제 관계)가 발생한다. 가진 돈을 휴가비로 쓴다면 새 가구를 살 돈이 충분하지 않을 수 있다. 가족과 더 많은 시간을 보내기 위해 파트타임으로 전환한다면 풀타임으로 일할 때보다 돈을 적게 벌 것이다. 결국, 돈과 시간 중에 무엇을 선택하고 무엇을 포기할지 우리는 결정해야 한다.

기회비용

트레이드오프는 '기회비용(opportunity cost)'과 밀접한 관계에 있다. 새 가구의 기회비용은 가지 못하게 된 휴가다. 그리고 운동에 보낸 시간의 기회비용은 가꾸지 못한 텃밭이다.

기회비용과 의사 결정

경제학자들은 이러한 일상적인 생각을 수학적으로 분석해 경제에서 일어나는 일을 설명할 수 있는 유용한 모델을 만들고, 개인과 기업, 정부가 미래를 위한 계획을 세우는 데 도움을 준다.

한 예로, 자기 땅에 딸기와 산딸기 모두를 재배할 수 있는 농부가 있다고 하자. 농부는 한정된 크기의 토지를 갖고 있으므로 수익성이 가장 높은 토지 사용 방법을 선택해야 한다.

농부가 딸기를 더 많이 재배하기로 결정한다면 산딸기를 더 적게 재배해야 한다. 반대로, 산딸기를 더 많이 재배하기로 한다면 딸기를 더 적게 재배해야 한다. 그래프를 활용하면 각 과일을 재배하는 데 드는 기회비용을 계산할 수 있다. 농부에게 비닐하우스 세 동이 있다고 했을 때, 딸기와 산딸기 재배에 비닐하우스를 어떻게 배분할지 결정해야 한다. 만약 농부가 딸기 재배에 비닐하우스 두 동을 쓰기로 한다면 산딸기를 재배할 수 있는 비닐하우스는 한 동이다. 따라서 농부가 비닐하우스 한 동의 딸기를 재배할 때의 기회비용은 산

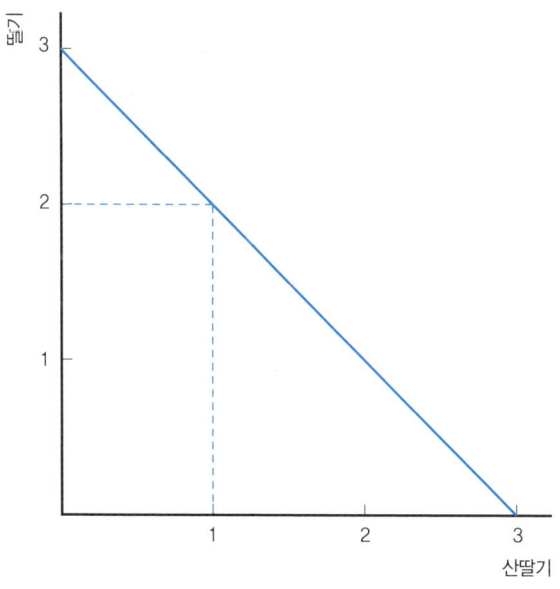

딸기와 산딸기의 생산가능곡선

딸기 비닐하우스 한 동이고, 비닐하우스 한 동의 산딸기를 재배할 때의 기회비용은 딸기 비닐하우스 한 동이다.

변하는 기회비용

이 경우에 기회비용 그래프는 직선으로 나타나며, 딸기 비닐하우스 한 동은 산딸기 비닐하우스 한 동의 비용이 들고, 반대의 경우도 성립한다. 그러나 이렇게 단순한 경우는 드물다.

다른 예를 들어 보자. 어느 섬의 한쪽 토지는 기름져 비옥하고, 반대편은 바위투성이의 황무지라고 가정해 보자. 그 섬의 주요 농축산물은 염소와 밀이다. 섬 주민들은 제한된 토지를 어떻게 활용할지 결정해야 한다. 이 경우에는 자원에 해당하는 토지 질이 고르지 않으므로 기회비용이 직선이 아니다. 바위가 많은 황무지에서는 밀을 재배하기가 어려울 것이다. 땅이 척박해 작물이 뿌리를 내리기 어렵기 때문이다. 그러나 염소는 황무지에서도 생존할 수 있다. 물론 비옥한 땅이 염소 기르기에 더 적합하지만, 밀을 재배하기에는 더욱 이상적이다.

섬 주민들은 비옥한 땅에 밀을 재배하기 시작한다. 시간이 지나면서 비옥한 땅이 부족해지고 1에이커당 밀 수확량은 점차 줄어들 것이다. 바위가 많은 황무지에서는 작물 수확량이 적다. 이는 섬 주민들이 밀 재배에 적합하지 않은 땅을 사용할 수밖에 없어 밀 재배와 관련된 기회비용이 커진다는 걸 의미한다. 그들은 비옥한 땅에서는 밀 400킬로그램과 염소 한 마리를 포기해야 하지만 황무지에서 밀 400킬로그램을 얻으려면 염소 네 마리를 포기해야 할 수도 있다. 즉, 밀 400킬로그램의 기회비용은 염소 한 마리에서 네 마리까지 다양하다.

반대로, 비옥한 땅에서 염소 한 마리를 기를 때의 기회비용은 밀

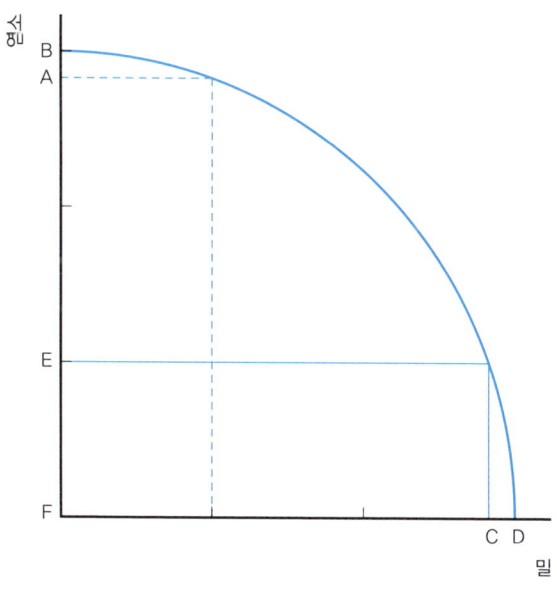

염소와 밀의 생산가능곡선

400킬로그램이지만, 황무지에서 염소 한 마리를 기를 때의 기회비용은 400÷4=100, 즉 100킬로그램에 불과하다.

13쪽의 그래프를 보자. 처음 밀을 재배할 때 염소의 기회비용은 AB에 불과할 만큼 작다는 것을 알 수 있다. 그러나 밀 재배에 적합하지 않은 토지를 더 사용하게 되면서 기회비용은 점차 증가한다. 특히, CD로 표시된 적은 양의 밀 수확은 다수의 잠재적 염소(EF)를 희생하고 얻어진다. 염소와 밀을 합친 최대 총생산량은 곡선의 중간쯤에 위치한다. 이는 최고의 토지를 사용해 밀을 생산하고 최악의 토지를 사용해 염소를 생산하는 점을 나타내는 것으로, 자원을 가장 생산적으로 사용한 경우다. 따라서 이 시나리오에서는 경제가 최대한의 성공을 거두었다고 할 수 있다.

더 많거나 더 적거나: 공급과 수요

딸기와 산딸기를 재배하는 농부의 기회비용을 나타낸 11쪽의 그래프를 다시 보자. 여기서는 어떤 작물을 재배할지 선택할 방법은 따로 제시되지 않으며, 선택은 농부에게 달려 있다. 그러나 고려해야 할 다른 요인이 있다. 농부가 한 가지 작물만 생산한다면 그 작물을 사려는 사람이 충분하지 않을 수도 있다. 경제학적 관점에서 말하면,

생산가능곡선

자원을 모두 투입해 최대로 생산할 수 있는 두 가지 재화의 생산량 조합을 보여 주는 곡선을 생산가능곡선(production possibility frontier, PPF)이라 한다. 만약 곡선을 따라 어느 지점에서든 생산한다면, 모든 자원을 사용하고 있다는 의미다. 그러나 곡선의 안쪽(왼쪽)에서 생산한다면 자원을 모두 사용하지 못하는 것이며, 생산성이 떨어진다는 것을 의미한다. 곡선의 바깥쪽(오른쪽)에서 생산하려면 상황에 변화가 있어야 한다. 농부라면 산출량이 더 많은 밀이나 척박한 토질을 견딜 수 있는 품종을 심어야 할 것이며, 혹은 비료를 더 많이 써서 수확량을 늘려야 할 것이다.

농부가 산딸기만을 재배한다면 생산된 산딸기를 모두 팔 수 있을 정도로 산딸기 수요가 충분한지 판단해야 한다는 것이다. 만약 수요가 적다면 농부는 생산된 산딸기를 낮은 가격에 판매해야 할 수도 있다. 그렇지 않으면 산딸기를 다 팔지 못해서 썩힐 위험이 생긴다.

농부는 두 작물에 자원(비닐하우스, 비료, 일꾼)을 나누는 것이 더 안전하고 수익성도 더 좋다고 판단할 수 있다. 이렇게 하면 생산물 전부를 판매할 가능성이 커질 뿐만 아니라, 공급보다 수요가 많을 경우에는 더 높은 가격으로 판매할 수 있다. 이렇듯 수요와 공급은 경제를 구성하는 핵심 역할을 한다(3장 참조).

니즈와 원츠

재화와 서비스를 '소비'하는 소비자는 자신이 가진 자원으로 '필요한 것(needs, 니즈)'과 '욕망하는 것(wants, 원츠)'을 얻는다. 필요한 것을 모두 살 수 있는 충분한 돈이 있다면 남는 돈으로 욕망하는 것도 살 수 있다. 경제학에서는 필요한 것과 욕망하는 것, 즉 니즈와 원츠를 구분하는 게 중요하다.

사람이 생존하려면 니즈가 충족되어야 한다. 니즈에는 먹을 것, 마실 것, 쉴 곳, 체온을 유지할 수 있는 옷 등이 포함된다. 이러한 것들은 인간에게 기본적으로 필요하며, 나머지 필요한 것은 시간과 장

생활필수품은 나라마다 다르다. 따뜻한 옷은 스칸디나비아 지방에 사는 사람들에게는 생활필수품이다.

아프리카 니제르에서는 먹을 것, 깨끗한 물, 집, 의료 지원이 생활필수품에 포함된다.

소에 따라 달라질 수 있다. 예를 들어, 스칸디나비아반도에 사는 사람들은 따뜻한 옷이 필요한 반면, 아프리카 니제르에 사는 사람들은 그렇지 않다. 필요하다고 간주되는 물건은 문화마다 다르며, 시간이 지나면서도 변화한다. 현대 사회에서는 자동차가 없으면 이동이 어려워 농촌 지역에서는 필수품으로 간주될 수 있다. 과거에는 말이 필수품이었지만, 이제는 사치품에 해당한다. 경제학자들은 서로 다른 환경에서 살아가는 사람들이 만족스러운 정도의 생활 수준을 누리려면 무엇이 필요한지 평가하고 판단한다.

니즈가 충족되면 남는 돈은 원츠를 충족시키는 데 쓸 수 있다. 니즈와 달리 원츠는 무한하다. 사람들은 일정량의 먹을 것, 날씨로부터 자신을 보호해 줄 거처, 의복이 필요하지만, 욕망하는 것은 계속해서 생겨난다. 사람들은 먹을 게 충분해지면 더 맛있는 음식을 먹고 싶어 한다. 더 큰 집과 더 좋은 자동차를 갖고 싶어 하고, 휴가도 더 자주 가고 싶어 한다. 사람들의 욕망은 끝이 없다. 하지만 아주 부유한 사람들을 제외하고는 다들 자신의 돈을 어떻게 배분할지 결정해야 한다. 그리고 인간은 수명이 유한하므로 가장 부유한 사람들조차도 시간을 어떻게 쓸지 결정해야 한다.

산딸기와 딸기를 재배하는 농부는 소비자가 과일을 '니즈'로 생각하지 않기 때문에 과일을 매력적인 상품으로 만들어야 한다. 소비자에게는 먹을거리가 필요하지만, 특정한 종류의 먹을거리가 반드시 필요한 것은 아니기 때문이다. 사람들은 아이스크림 같은 사치스러운 먹을거리(아이스크림은 생존에 반드시 필요한 것이 아니므로, 경제학적으로는 '사치품'에 해당한다)나 사과 같은 다른 과일에 돈을 쓰기보다는 딸기와 산딸기에 돈을 쓰는 쪽을 선택할 수도 있다. 소비자가 자신의 돈을 어떻게 쓰는지 결정하는 요인 중 하나는 가격이다.

상품과 서비스가 거래되는 시장

경제학자들이 사용하는 '시장(market)'이라는 용어는 구매자와 판매자가 상품 및 서비스를 돈과 교환하는 실제 시장이나 온라인상의 시장을 의미한다. 시장에서는 다양한 상품과 서비스가 거래된다. 예를 들어, 의류 시장이 존재하고, 오토바이 시장도 존재한다. 일반적으로 많은 판매자와 구매자가 있는데, 판매자들은 더 매력적인 가격과 더 좋은 품질의 생산물 등을 제공함으로써 같은 시장의 다른 판매자들과 경쟁하며 구매자의 관심을 끌려고 노력한다. '니즈'보다는 '원츠'를 충족시키는 상품의 경우에는 시장 간 경쟁도 존재한다.

주식 시장은 구매자와 판매자가 사고팔기 위해 경쟁하는 시장의 한 예다.

경제를 구성하는 방식

경제는 사람들이 서로 교류하며 재화와 서비스를 생산하고 교환할 때 비로소 발생한다. 가정 경제에서부터 시작해 지역 경제, 그리고 국가 경제에 이르기까지 모든 규모의 경제가 존재한다. 그리고 국가 경제는 세계 경제의 일부분이다.

우리가 고립된 삶을 살면서 먹을거리를 직접 재배하고, 옷을 직접 만들고, 집을 짓고, 자녀를 돌보거나 교육하고, 자신의 건강 문제를 스스로 해결한다면 경제 활동은 존재하지 않을 것이다. 경제가 발달함에 따라 다양한 재화와 서비스를 거래하는 시장이 성장하고, 교환 수단(오늘날에는 돈이지만, 과거에는 물물교환이었다. 1장 참조)이 생겨나며, 자원을 배분할 필요성이 생겨난다.

경제학은 개인과 사회, 국가 등이 사람들의 니즈와 원츠를 충족시

재화와 서비스

소비자는 재화와 서비스에 돈을 지출한다. 간단히 말하면 재화는 컴퓨터, 자전거, 파이, 아이스크림과 같이 눈에 보이는 물품이다. 서비스는 이발이나 창문 청소, 재무 컨설팅, 식당에서의 음식 제공, 난방 시설 수리처럼 다른 사람들이 고객에게 제공하는 활동이다.

키는 데 필요한 재화와 서비스를 생산하기 위해 자원을 배분하는 방식을 다룬다. 경제는 다음과 같은 세 가지 중요한 문제에 직면한다.

> '경제 예측의 유일한 기능은 점성술을 고상해 보이게 만드는 것이다.'
>
> 에즈라 솔로몬 Ezra Solomon, 스탠퍼드대학교 경제학 교수

- **무엇을 생산할 것인가**: 자원은 한정되어 있다. 따라서 자원을 신중하게 배분해야 한다.
- **생산을 어떻게 계획할 것인가**: 재화를 만들고 서비스를 전달하는 방식은 여러 가지다. 경제는 보유한 자원을 최대한으로 활용하기 위한 가장 효율적인 생산 방식을 찾아야 한다.
- **생산된 재화와 서비스의 혜택은 누가 얻을 것인가**: 공적인 쓰임이 있는 재화와 서비스가 있는가 하면, 개인적인 용도의 재화와 서비스가 있다. 한 사회의 부의 분배는 이 문제와 관련 있다.

경제학의 한계

경제학은 물리학처럼 실험을 통해 새로운 이론을 증명하거나 반박할 수 있는 학문이 아니다. 이 책에서 다루는 문제 중 대부분이 논쟁의 여지가 있으며, 경제학자들 사이에서도 그 문제들의 해결 방법이

나 해석에 대한 의견이 종종 엇갈린다. 실패한 국가 경제를 구하는 방법이나 아프리카 사하라 이남 지역의 기근 해결 방법처럼 가장 시급한 경제 문제를 다룰 때도 경제학자들은 서로 대립하는 개념과 이론을 놓고 충돌하곤 한다.

경제학은 비교적 새로운 학문 분야이며 실제 경제는 빠른 속도로 진화하고 변화한다. 경제학자들이 아직 모든 것을 정확히 파악한 것은 아니다. 하지만 우리가 살아가는 세상의 복잡한 움직임을 이해하려면 경제학이라는 도구가 필요하다.

미시경제학과 거시경제학

경제학은 크게 두 가지 범주로 나눌 수 있다.
- 미시경제학은 개인과 기업의 경제 활동 및 결정과 관련이 있다. 돈을 지출하는 방법을 선택하는 것, 세금과 투자를 다루는 것, 가격 및 비용을 살펴보는 것 등이 포함된다.
- 거시경제학은 국가 전체의 경제나 석유 산업, 농업 같은 전체 산업의 경제처럼 훨씬 더 넓은 사안들과 관련이 있다. 여기에는 고용, 인플레이션, 금리, 국부, 환율 같은 사안들이 포함된다.

1부
경제의 시작과 기본 원리

돈과 시장은 어떻게 시작되었을까

01
우리는 왜 돈을 사용하게 되었을까

거래, 즉 상업은 경제학의
기본적인 부분이며 그 중심에 돈이 있다.
그렇다면 돈은 무엇을 상징할까?

돈은 실제 시장이나 온라인 시장에서 거래에 사용할 수 있는 증표다. 금화처럼 본질적 가치를 가지거나, 화려한 디자인이 인쇄된 종이처럼 상징적인 가치만을 가질 수도 있다. 혹은 주요 은행 시스템과는 독립적으로 작동하는 디지털 화폐인 비트코인처럼 물리적인 실체가 없을 수도 있다. 물론, 금화의 본질적 가치도 문화적으로 결정된다. 금은 상거래와 장신구 말고는 그 쓰임새가 한정되어 있다. 지금은 금이 전자기기에도 사용되지만, 이 쓰임새는 금이 귀중하다고 여겨지고 나서 한참 뒤에야 생겨났다. 금은 부드럽고 부식하지 않아 다른 금속보다 왕관이나 장신구를 만들기가 쉽지만, 이건 플라스틱도 마찬가지다. 왕관이나 장신구는 생존에 필수적인 물건이 아니므로, 결코 '니즈'라 할 수 없다.

순조롭지 않은 물물교환

돈이 없는 세상을 상상해 보자. 직접 구하거나 만들 수 없는 물건이 필요하다면 그것을 가진 사람에게 달라고 해야 한다. 상대방은 그것을 공짜로 주고 싶어 하지는 않을 것이며, 당신이 가진 무언가와 바꿀 수는 있을 것이다. 이것이 물물교환이다. 당신이 매머드 가죽을 가지고 있고 수박을 원한다고 가정해 보자. 매머드 가죽을 원하면서 수박을 가진 사람을 찾는 데 오랜 시간이 걸릴 것이다. 수박을 가진 사람이 질그릇을 원한다면 당신은 매머드 가죽을 질그릇으로 교환한 다음, 다시 질그릇을 수박과 교환해야 한다. 물론 수박을 가진 사람이 질그릇을 원해야만 한다. 이렇게 물물교환은 복잡하고 시간이 많이 소요되며 종종 좌절감을 주기도 한다. '욕망의 이중적 일치(double coincidence of wants)'라고 불리는 이 문제 때문에 그러한 시스템은 거추장스럽고 비효율적이게 된다.

대신에 대부분의 사회는 일정 형태의 교환 메커니즘을 발전시켜

'유토피아' 속 금사슬

16세기 정치가이자 사상가인 토머스 모어(Thomas More)는 《유토피아(Utopia)》라는 자신의 저서에서 금에 대한 인간의 탐욕을 풍자했다. 유토피아 주민들은 금을 타락적인 것으로 여기고 별 볼 일 없는 데에 사용한다.

'그들의 요강과 실내용 이동식 변기는 금과 은으로 만들어져 있다. ……
그들은 노예를 속박하는 사슬과 족쇄도 금과 은으로 만든다. 노예들은 불명예의 상징으로 금으로 된 귀걸이를 걸거나, 금으로 된 사슬이나 관을 쓰기도 한다. 그렇게 유토피아 주민들은 모든 가능한 수단을 동원해 금과 은이 전혀 존중받지 못하도록 주의를 기울인다. 그 결과, 다른 나라 사람들은 이 금속을 나누는 일이 고통스럽게 여겨지는 반면, 유토피아 사람들은 자신들이 가진 금을 내어주는 것을 사소한 것을 나누거나 푼돈을 잃은 정도로 생각한다.'

'그들은 해변에서 진주를 보게 되거나 바위에서 다이아몬드와 석류석을 보게 된다. 그들은 그것들을 얻으려고 애쓰지는 않지만, 우연히 발견하게 된 경우에는 잘 닦아서 자식들에게 장신구로 쓰라고 준다. 아이들은 어릴 적에는 그것을 좋아한다. 하지만 분별력이 생기는 나이가 되어 아이들 외에는 아무도 그런 장신구를 쓰지 않는다는 것을 알게 되면 그들은 그것을 내버린다. 그리고 다 큰 어른들이 장난감을 갖고 있는 것을 창피해하는 것처럼 나중에 그런 장식물을 사용한 사실을 창피해한다.'

왔다. 이것은 모두가 개오지 조개껍데기 같은 특정 증표가 가치를 나타낸다는 데 동의한다는 점을 기반으로 작동한다. 그 가치는 사람들끼리 양도할 수 있고, 재화와 서비스로 교환할 수 있다. 이 덕에 매머드 가죽을 조개껍데기로 교환한 다음, 수박을 가진 사람에게 조개껍데기를 가져가는 게 쉬워진다. 수박을 재배하는 농부는 조개껍데기를 사용해 의자나 배, 닭 등 자신에게 필요한 것을 살 수 있다. 그 공동체에 속한 모든 사람이 조개껍데기가 가치가 있음을 받아들이기 때문에 조개껍데기는 교환 수단인 화폐, 즉 돈이 된다.

돈의 기능

1875년, 영국의 경제학자 윌리엄 제번스(William Jevons)는 《화폐와 교환 메커니즘(Money and the Mechanism of Exchange)》이라는 저서에서 돈의 네 가지 기능을 설명했다. 그는 돈이 교환 수단, 공통의 가치 척도, 가치 기준, 가치 저장 수단의 기능을 가진다고 했다. 일부 경제학자들은 돈을 저장한다는 것은 돈을 쓸(교환할) 수 없다는 것을 뜻하고 돈을 쓴다는 것은 돈을 저축할(저장할) 수 없다는 것을 뜻하기 때문에 두 기능은 양립할 수 없다고 주장했다. 그러나 실제로 돈은 여러 상황에서 두 가지 기능을 동시에 수행할 수 있다.

돈은 현대적 관점에서 다음과 같은 세 가지 기능을 한다.

- 교환 매개체
- 가치 저장 수단
- 회계 단위

돈은 매머드 가죽과 수박 같은 서로 다른 물건 간의 교환을 촉진하면서 재화와 서비스의 교환을 도모하는 '교환 매개체'의 기능을 한다. 또한 '가치 저장 수단'으로서 교환 수단으로 선택된 것은 쉽게 변질되거나 썩지 않아야 한다. 우리가 금을 선택하는 이유 중 하나다. 만일 과일 같은 것을 교환 수단으로 선택할 경우, 과일이 쉽게 썩게 되므로 현명한 선택이 아닐 것이다.

실패한 가치 저장 수단: 1920년대의 마르크

경제가 실패하면 물가가 급격하게 상승해 화폐의 교환가치가 하락할 수 있다. 이러한 상황에서는 돈이 더 이상 가치를 저장하는 효과적인 수단이 될 수 없다. 대표적인 예로 독일 통화 마르크가 사실상 휴지 조각처럼 쓸모없게 된 1920년대의 사건을 들 수 있다. 1918년에 1마르크였던 물건이 1923년에는 30억 마르크에 이르렀다. 그 결과 일부 독일 사람들은 마르크 대신 다른 통화나 교환 수단을 사용하기 시작했다(14장 참조).

경제학자들은 두 가지 유형의 가치를 인정한다. 하나는 특정 재화나 서비스의 효용, 나머지 하나는 다른 재화나 서비스를 얻기 위해 교환할 때 재화나 서비스가 갖는 힘이다. 돈으로 사용되는 모든 것은 교환가치(exchange value)가 있다. 앞으로 살펴보겠지만 돈은 효용가치(utility value)도 있다.

마지막 기능인 '회계 단위'는 돈을 측정하거나 세는 일관된 방법이 있어야 하며, 돈이 다른 물품의 가격을 매기는 단위를 제공한다는 것을 의미한다. 유통화폐가 이 기능을 수행하는데 우리는 원화(won), 달러(dollar), 파운드(pound), 유로(euro), 엔화(yen), 위안화(yuan), 페소(peso) 등의 단위로 돈을 센다.

실물화폐

화폐로 사용되는 실제 상품을 실물화폐(commodity money)라 한다. 실물화폐는 상품 자체가 내재가치(intrinsic value)를 인정받아야 한다. 역사적으로 실물화폐로 이용되어 온 상품은 다음과 같다.

- **북미의 사슴 가죽과 비버 가죽:** 캐나다 북동부에 있는 허드슨만에는 비버 가죽의 공식 교환 비율이 있었다. 비버 가죽 하나는 가위 두 개, 설탕 2.25킬로

그램, 낚싯바늘 20개, 신발 한 켤레와 교환할 수 있었다. 비버 가죽 열두 개로는 총을 살 수 있었다.

- **조개껍데기, 거울, 구슬, 장식 벨트 같은 장식품:** 1626년 네덜란드 상인들이 아메리카 원주민에게서 맨해튼섬을 사들일 때 대금 일부를 구슬로 지불했다.
- **소금, 후추, 보리, 쌀, 말린 생선, 소:** 품질이 천천히 떨어지는 식품 혹은 가축은 실물화폐로 적합했다.
- **담배:** 담배는 군인이나 죄수들 사이에서 화폐로 자주 사용되었다. 2차 세계대전 때 일부 포로수용소에서는 담배에 기초한 완벽한 경제가 이루어지기도 했다.

용 문양 항아리와 머리 세 개

보르네오섬에 사는 페난족 중 일부 사람들은 쌀을 관장하는 신령에게 바치는 공물로 적의 머리를 사용했다. 머리는 공물로 바쳐졌기에 그 자체로 가치가 있었다. 하지만 머리가 실제로 거래된 적은 없었는데, 머리를 거래하는 일이 불운을 가져온다고 여겼기 때문이다. 대신, 머리 하나는 살아 있는 노예나 포로 한 명과 동일시되어 거래되었다. 일부 물품은 '가상 머리'로서 가치를 가졌는데, 중국에서 들여온 초록빛의 커다란 용 문양 항아리가 머리 세 개의 가치가 있었다. 누군가가 사람을 죽여서 유족에게 머리 세 개를 바쳐야 할 상황이라면, 머리 세 개 대신 용 문양 항아리 하나를 주면 되었다.

현대의 돈

사람들은 원화나 달러, 파운드, 유로, 엔화, 위안화, 리라(lira), 디나르(dinar) 등 특정 통화 단위로 돈을 센다. 바로 명목화폐(fiat money)다. 이 화폐들은 내재가치가 전혀 없지만, 경제 운영을 위해 가치가 있는 것으로 합의되었다.

우리는 동전과 지폐 형태로 된 명목화폐에 익숙하지만, 가상 형태의 화폐도 사용한다. 오늘날 선진국에서는 사람들이 현금을 주고받을 가능성이 거의 없다. 급여는 대개 은행 통장의 잔액이 증기하는 방식으로 입금되며, 카드를 사용하거나 자동이체, 마이너스통장 설정을 통해 돈이 지출된다. 가끔 현금을 인출하는 경우도 있지만, 오늘날 대부분의 사람에게 현금은 주요한 돈의 형태가 아니다.

돈은 점점 더 현실의 물리적인 세상과 분리되고 있다. 오늘날 돈은 대부분 이론적으로 존재한다. 특정한 경제 체제 내에서 존재한다고 인정되는 '돈'만큼의 실물 현금은 실제로 존재하지 않는다. 전자 기록으로만 보유되는 돈을 은행화폐(bank money)라 부르는데, 꽤 근거가 있는 셈이다.

은행화폐는 금융기관, 정부, 대기업 간에 돈을 이동하는 데 사용된다. 만약 당신이 직불카드나 페이팔(Paypal)로 서점에 20달러를 지불한다면, 당신의 은행과 서점의 은행 간에 실제 돈이 이동하는 것

실물화폐에서 명목화폐로 그리고 다시 실물화폐로

과거 동아시아 여러 나라에서 사용한 동전에는 구멍이 있어서 실에 꿰어 보관할 수 있었다. 이 동전은 그 액면 가치가 동전의 원료가 되는 금속의 내재가치보다 더 컸으므로 명목화폐에 해당한다.

그중 말레이시아 일부 지역의 부족민 손에 들어간 중국 동전의 경우 지역의 유통화폐가 되기도 했는데, 사실 동전이 가진 가치는 액면 가치와는 전혀 관계가 없었다. 대신 그 동전들은 장식품 소재가 되어 장신구나 머리 장식에 부착되었다. 동전 그 자체가 유용한 물품으로서의 가치가 생겨나 실물화폐가 된 것이다.

은 아니다. 이와 유사한 거래 역시 은행화폐로 이루어진다.

뱅크런

영화 〈메리 포핀스(Mary Poppins)〉에서 뱅크스 씨의 어린 아들 마이클은 은행에 예금하는 것을 주저한다. 은행 지점장이 마이클의 돈 2펜스를 낚아채자 마이클은 돌려달라고 요구한다. 그 장면을 목격한 다른 고객들은 은행이 2펜스를 돌려달라는 어린 고객의 요구조차 들어줄 수 없는 상황에 처했다고 오해한다. 그 결과 모든 고객이

동시에 돈을 찾으려고 하는 '뱅크런(bank run)' 소동이 벌어진다. 수많은 예금자가 자기 돈을 당장에 돌려받기를 원하지만, 은행은 모든 돈을 즉시 출금해 주는 게 불가능하다.

일반적으로 뱅크런은 은행에 대한 신뢰가 사라지면서 시작되고, 결국 사람들이 예상했던 대로 은행은 모든 예금을 내줄 수가 없는 상황이 벌어진다. 실제로 어떤 시점에서든 모든 고객이 은행에 맡긴 돈을 전부 찾으려고 한다면 은행은 이를 처리하는 게 불가능하다. 일반적으로 소수의 사람만이 어느 특정 시점에 자기 돈을 출금하기를 원하며, 사람들 모두가 돈이 필요할 때면 언제든 자기 돈을 찾을

노던록 은행은 금융 위기의 여파로 심각한 위기를 겪었으며, 이는 뱅크런 사태로 이어졌다.

수 있다고 믿고 있다. 그러한 믿음 속에서 은행 체계는 유지된다.

실제로 뱅크런이 벌어진 경우는 비교적 드물다. 1872년에 캐나다 몬트리올(Montreal) 은행에서 뱅크런이 있었고, 1930년대 대공황기에 미국에서 뱅크런이 발생했다. 약간 다른 형태지만, 2007년에는 영국의 노던록(Northern Rock) 은행에서, 2008년에는 아이슬란드 최대 은행 중 하나인 란트스방키(Landsbanki)에서, 2015년에는 그리스의 몇몇 은행에서 뱅크런이 발생했다.

돈이 얼마나 있는가

간단하게 말하자면, 은행화폐는 사람들이 그 존재를 믿고 있기에 존재한다. 만약 우리가 그 존재를 더는 믿지 않고 현금으로 돌려받기를 원한다면 은행화폐는 실제로 존재하지 않으므로 시스템은 무너질 것이다. 존재하는 돈의 액수와 그 돈에 무엇이 포함되는지에 대한 정의는 여러 가지 방식으로 이야기할 수 있다. 통화량은 M0, M1, M2, M3 등으로 분류된다. 그 정의와 활용 방식은 국가마다 다르지만, 일반적으로 다음과 같다.

- M0(본원통화)는 중앙은행이 발행해 시중에 돌아다니는 현금의 총액이다.

- M1(협의통화)에는 M0를 비롯해 현금으로 쉽게 전환될 수 있는 자산(예: 자유예금)이 포함된다.
- M2(광의통화)는 M1을 비롯해 만기 2년 미만의 정기예금, 정기적금 등과 같은 유동성이 낮은 장기 자산이 포함된다.
- M3(금융기관 유동성 포함 통화)에는 M2를 비롯해 만기 2년 이상의 정기예금, 정기적금 등이 포함된다.

전 세계적으로 M1은 약 40조 달러 규모다. M2는 약 90조 달러에 달하며, 모든 종류의 부를 포함하면 1조 달러를 넘어선다.

자산과 부채

자산이란 소유할 수 있고 가치(돈)를 생산할 수 있는 모든 것을 의미한다. 자산에는 부동산, 은행에 넣어 둔 돈, 누군가 당신에게 갚겠다고 약속한 채권, 무언가를 만들 수 있는 기계가 포함된다.

부채는 자산과 반대되는 개념이다. 부채는 돈이나 다른 수단으로 무언가에 대해 갚아야 하는 의무나 비용을 의미한다. 부채에는 다 갚지 못한 주택담보대출이나 누군가에게 선물을 사 주겠다고 한 약속, 무료로 강연을 하겠다고 한 약속 등도 포함된다.

자산과 부채는 항상 짝을 이룬다. 담보대출 부채는 은행의 자산, 즉 주택 가치의 일부를 요구할 수 있는 권리와 같다. 당신이 40만 달러를 빚지고 있다면 은행은 집값 중 40만 달러에 해당하는 자산을 가진 셈이다.

야프섬의 돌 화폐: 가상 화폐의 시초?

태평양의 야프섬에서는 바퀴 모양의 돌이 수백 년 동안 화폐로 사용되었다. 이 돌 중에는 작은 돌도 있지만, 지름 3.6미터에 무게가 4톤이 넘는 큰 돌도 있다. 팔라우에서 채굴된 석회암을 조각해 만든 이 돌들은 대나무로 만든 카누에 실려 야프섬으로 옮겨졌다.

이 돌의 합의된 가치는 돌의 크기와 예술성, 역사에 따라 달라졌다. 하지만 역설적이게도 가장 가치 있는 돌은 운송 중에 사상자가 전혀 발생하지 않은 돌과 가장 많은 사상자를 낸 돌이었다. 가장 큰 돌은 실제로 이동되는 경우가 거의 없으며, 거래는 소유권 변경을 기록하는 방식으로 이루어졌다. 어떤 돌은 야프섬으로 이송되는 도중 바다에 빠졌는데 거래는 계속되었다. 돌에 접근할 수 있는지 없는지는 중요하지 않았다. 다들 그 돌이 어디에 있는지, 소유주가 누군지 알고 있었기 때문이다. 이러한 점에서 바다에서 회수할 수 없는 이 돌은 가상 화폐의 시초라고 볼 수 있지 않을까?

02
물건을 만들려면 무엇이 필요할까

먼 옛날에는 가공품이 없었다.
하지만 지금은 거의 모든 것이
어떤 식으로든 가공된다.

우리의 먼 조상들은 열매와 식물 뿌리를 채집하고 느리게 움직이는 동물을 사냥하며 들판을 누볐다. 어느 순간 그들은 돌과 나무 막대기를 날카롭게 만들어서 사용하면 사냥이 더 쉬워진다는 것을 깨달았고, 불을 피워 요리하면 음식을 더 맛있게 먹을 수 있다는 것도 알게 되었다. 돌을 갈아 창을 만드는 데 시간을 투자한 사람은 초기 형태의 경제적 결정을 내린 것이다. 그 사람은 자신의 시간과 노동력을 들여 돌과 나무 막대기라는 공짜 자원으로 가공품을 만들었다. 창을 만드는 데 들어간 시간은 다른 일을 하는 데 쓸 수 있는 시간이므로, 이는 기회비용이라고 할 수 있다.

창의 효용은 돌, 나무 막대기의 효용이나, 창을 만드는 데 들어간 노동력의 효용보다 컸다. 창 덕분에 먹을거리를 더 쉽게 확보할 수 있었고 시간도 절약되었다. 그렇게 창 제작은 가치를 더해 주었는데, 이것이 바로 제조업의 특징이다.

비즈니스의 시작

창 만드는 일에 능숙한 개인은 집단의 다른 구성원을 위해 창을 만들어 몸에 걸칠 가죽이나 먹을거리로 교환할 수도 있었을 것이다. 창은 효용가치뿐만 아니라 교환가치도 가질 수 있다.

초기의 기업 활동을 보여 주는 이러한 예에서 우리는 경제 활동의 기본 요소들을 몇 가지 확인할 수 있다.

- **원자재의 사용**: 돌과 나무 막대기
- **노동력의 사용**: 창 만드는 사람의 노력
- **가공품 제조**: 창 제작
- **대표 자본재**: 창
- **증가하는 효용**: 창을 통해 얻는 편익

- **수익**: 가죽과 고기
- **교환 촉진**: 창을 가죽이나 고기로 교환

생산 요소

경제학자들은 가공품을 생산하는 데 들어가는 생산 요소에 관해 이야기한다. 신고전주의 경제학(neoclassical economics)에서는 토지, 자본, 노동이라는 세 가지 생산 요소가 있다고 본다.

토지는 땅 자체만이 아니라 땅 위에 있거나 땅에서 뽑아낼 수 있는 자원도 포함한다. 즉, 토지에서 자라는 나무와 지하에 매장된 석유 같은 천연자원도 토지에 포함된다. 돌창을 만드는 경우라면 나무 막대기와 돌은 토지에서 얻는 자원이다.

자본은 더 많은 재화를 생산하기 위해 사용할 수 있는 모든 것을 말한다. 자본재(capital goods)는 물건을 계속 제조하는 과정에서 소모되지 않는다. 언젠가 마모되긴 하겠지만 말이다. 현대 사회의 자본은 공장 건물이나 기계, 운송 수단(화물자동차와 트랙터 등) 같은 대형 물품, 정원사의 연장이나 화가의 붓 같은 소형 물품을 포함한다. 먼 옛날 초기 인류에게 창은 먹을거리를 확보하는 데 사용되었으므로 자본재에 해당한다.

노동은 사람들이 무언가를 만드는 데 투입하는 노력이다. 누군가 자기 자신을 위해 무언가를 만든다면 그 노력이 바로 노동이다. 사람들이 고용주를 위해 일할 때, 그들은 임금을 받는 대가로 노동력을 판다. 초기의 창 제조자들은 본인의 노동을 사용했다.

자본의 정의

'재화 생산 과정에서 고갈되지 않는다'라는 자본에 대한 전통적이고 협소한 정의는 최근의 경제적 사고 과정에서 대체되었다. 이제는 무형의 자본 형태도 포함된다. 예를 들어, 특정한 직무를 수행하도록 훈련받은 개인의 기술이나, 고객 및 부품 제조사와의 관계에서 기업이 쌓은 신용 같은 것도 자본에 포함된다.

- 금융 자본은 금융 자산 형태의 돈으로, 은행 계좌에 들어 있는 돈, 투자자에게 빌린 돈, 타인에게 받을 돈 등을 포함한다.
- 자연 자본은 환경에서 자연스럽게 발생하는 것으로, 모두를 풍요롭게 만드는 자산이다. 나무, 물, 수분 매개 곤충이 그 예다.
- 인적 자본은 인간의 재능, 지식, 사회적 상호작용에 존재하는 모든 측면의 가치를 포함한다. 여기에는 다음과 같은 하위 범주들이 포함된다. 상표 충성도

와 영업권 같은 사회 자본, 교육이나 지식 이전 같은 교육 자본 혹은 지적 자본, 개인에게 내재된 가치 있는 기술과 능력을 포함한 개인 자본 등이다. 개인 자본은 노동과 밀접한 관련이 있으며, 일부 경제학적 접근에서는 노동과 별도로 구분하지 않는다.

영국의 선구적인 경제학자 애덤 스미스(Adam Smith)는 고정 자본(기계나 공장처럼 생산 과정에서 소모되지 않는 물품)과 유동 자본(원료처럼 생산 과정에서 소모되는 물품)을 구분 지었다.

한 국가의 자본에는 도로와 철도 기반 시설, 전기나 수도 공급 같은 공공시설, 공립 학교 및 공립 병원 등 모든 사람이 혜택을 보는 재화들도 포함된다.

사람을 중심으로: 노동의 가치

신고전주의 경제학에서는 노동을 제공하는 사람을 경제 방정식에서 특별히 중요한 부분으로 보지 않는다. 대신 자본을 경제 활동의 핵심에 놓는다. 일반적으로 노동자는 쉽게 대체하거나 새롭게 바꿀 수 있는 자원으로 취급되며, 하나의 작업 단위는 다른 작업 단위와 교환할 수 있다.

독일의 정치철학자 칼 마르크스(Karl Marx)는 생산을 자본의 사용보다는 노동의 사용 관점에서 바라보았다. 그는 생산 요소를 노동, 노동 대상, 노동 수단으로 정의했다. 여기서 노동은 일하는 사람을 가리킨다. 노동 대상은 무언가를 만들기 위해 노동을 가한 재화, 즉 원자재를 말한다. 예를 들어, 커피 가공공장에서 노동 대상은 커피콩이다. 노동 수단은 일하는 데 사용되는 도구나 기계, 건물, 즉 자본 자산을 가리킨다. 커피콩을 가공하는 과정에서 노동 수단은 로스터를 비롯해 가공 공정에 필요한 기타 기계를 말한다. 마르크스는 경제에서 노동으로 부가되는 가치를 재화와 서비스가 가지는 가치의

신고전주의 경제학

신고전주의 경제학은 오늘날의 주류 경제학으로, 수요와 공급 그리고 수익이나 효용을 극대화하려는 개인의 욕구를 경제 활동의 중심에 놓는다. 이 이론은 수학과 그래프를 광범위하게 사용하고, 사람들이 항상 합리적으로 행동한다고 가정해 경제 모델을 만든다. 그러나 이러한 가정 때문에 비판받아 왔는데, 사람들은 복잡한 자극과 편견에 반응하며, 항상 완벽한 이성으로 행동하는 것은 아니기 때문이다. 또한 시간이 지나면 시장의 힘이 노동자의 충분한 권리 등을 제공할 것이라는 주장으로 사회적 불평등과 빈곤을 초래한다는 비난도 받았다. 이를 대체하는 접근법들은 '비주류 경제학'이라는 포괄적 용어로 함께 분류되는 경향이 있다.

핵심에 놓았다. 그는 모든 상품이 '응집된 노동'을 나타낸다고 생각했다.

나무 막대기, 돌 그리고 관리자

자신이 쓸 창을 직접 만드는 사람은 땅에서 자유롭게 구할 수 있는 천연자원과 자신의 노동력만을 사용한다. 그 사람이 창을 만들기 위해 적당한 나무 막대기와 돌을 모아 놓는다면, 그것은 애덤 스미스가 정의한 유동 자본을 의미할 것이다(41쪽 참조).

만일 어떤 사람이 창을 만드는 일에는 능숙하지만, 사냥해서 요리하고 물을 긷고 맹수로부터 아이를 보호하는 등 다른 일을 해야 해서 매일 짧은 시간만 창 만드는 일에 할애할 수 있다고 가정해 보자. 이러한 상황을 파악한 어느 중개인, 즉 '기업가'는 창 만드는 사람이 추가로 생산하게 될 창들을 나눠 갖는 대신에 다른 활동 중 하나(예를 들어 아이를 보호하는 일)를 맡겠다고 제안할 수 있다. 그 후 기업가는 보모에게 아이 돌보는 일을 하게 하고 창 하나를 나눠 줄 수 있다.

이제 그 기업가는 자신이 직접 생산하는 일은 없지만, 제작자(창 만드는 사람)와 서비스 제공자(아이 돌보는 사람)를 이어 주는 중개자 역할을 함으로써 창으로 이익을 냈다. 이를 현대 경제학자들은 기업가적 자본(entrepreneurial capital)이라 부른다. 기업가적 자본은 조직의 생산물을 '최고로 활용'하기 위해 조직을 관리한다.

아무것도 하지 않는다?

그 기업가는 아무것도 하지 않는 것처럼 보이지만, 사실 다음과 같은 일을 한다.

- 기회를 발견한다.
- 기회를 활용할 방법을 생각해 낸다.
- 함께 일할 수 있는 사람들을 찾는다.
- 아이 돌볼 사람을 검증한다.
- 아이 돌보는 사람의 보수를 지급한다.
- 아이 돌보는 사람이 제대로 일하는지 감독한다.
- 창의 품질과 생산 속도를 감독한다.

> '어느 한 사람의 재산 중에서 수익을 안겨 줄 것으로 기대되는 부분을 자본이라고 한다.'
>
> 애덤 스미스, 《국부론 The Wealth of Nations》 중에서

창 만드는 사람은 자연 자본(나무 막대기와 돌)을 이용하는 반면, 기업가는 인적 자본(창 만드는 사람과 아이 돌보는 사람)을 활용한다. 기업가

옛날의 드래곤 사냥꾼들이 그들의 일을 이어 갈 수 있었던 것은 창 제조업자들과 창을 판매하는 기업가의 노력 덕분이었다.

는 생산된 창의 일정 부분을 갖는 대리인 역할을 할 수도 있고, 창 만드는 사람에게 막대기와 돌을 제공하고 일정 수의 창을 임금으로 지급하는 고용주 역할을 할 수도 있다. 후자의 경우, 기업가는 생산 수단을 소유하고 그 생산 수단을 이용해 이윤을 내면서 노동에 대한 대가를 지불하는 자본가가 된다.

오래전에도 기업가는 있었지만, 일반적으로는 사회가 더욱 섬세한 형태의 상거래를 채택하면서 이러한 경제 활동 유형이 점차 발전한 것으로 보인다.

수요와 공급은
진짜로 시장을 움직일까

자유시장경제에서는
수요와 공급이 만나 균형을
이루며 움직인다.

모든 경제는 수요가 있는 재화, 서비스, 자원을 공급하는 과정에 의해 작동하거나 실패한다. 따라서 수요와 공급은 경제에 영향을 미치는 주요한 힘이다.

수요 곡선

일상생활에서의 경험을 통해 우리는 재화 가격이 올라가면 수요가 감소한다는 것을 안다. 사람들은 제품 가격이 오르면 덜 사는 경향이 있다.

경제학자들은 사람들이 원하는 수량과 제품 가격 사이의 관계를 다음과 같이 아래쪽으로 기울어지는 수요 곡선으로 나타낸다(곡선이라 부르지만 보통 직선으로 표시한다).

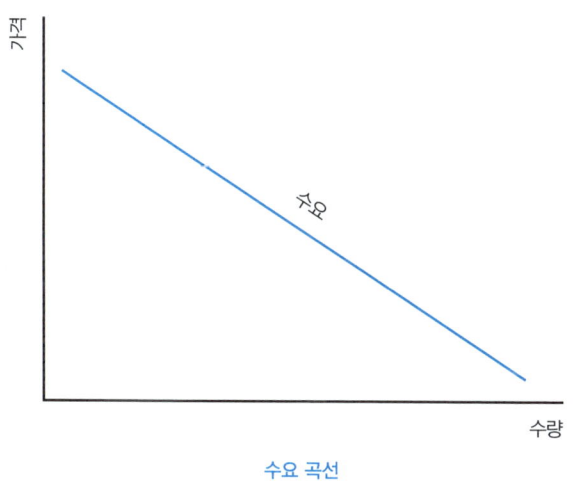

수요 곡선

수요 곡선은 판매되는 재화뿐만 아니라 모든 종류의 것에 적용되며 노동에도 적용된다. 노동 가격, 즉 임금이 오르면 노동자에 대한 수요가 감소하고, 임금이 내리면 노동자에 대한 수요가 증가한다.

공급 곡선

가격에 따라 공급이 어떻게 변화하는지를 보여 주는 곡선도 있다. 어떤 재화가 낮은 가격에서만 팔린다면 그 재화를 공급하고자 하는 생산자는 줄어들고 공급량 역시 줄어든다. 가격이 올라가면 더 많은 사람이 그 재화를 팔기로 결정하게 되므로 공급량도 증가한다.

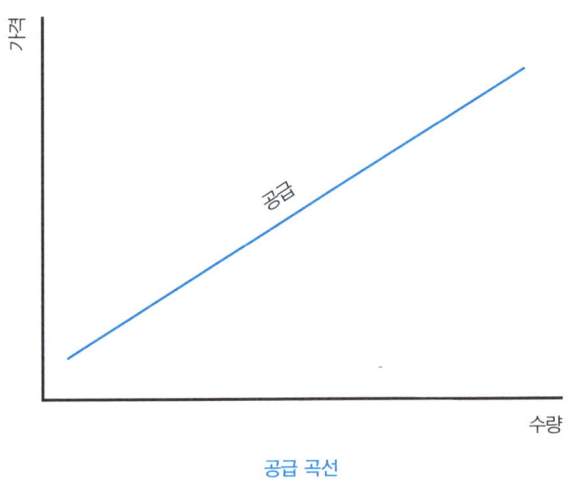

공급 곡선

곡선의 이동

어떤 상황에서는 수요 곡선이나 공급 곡선이 오른쪽이나 왼쪽으로 이동할 수 있다. 사람들의 소득이 증가하면 수요 곡선은 오른쪽으로 이동하지만 모양은 유지된다. 수량과 가격 간의 관계는 동일하지만 판매되는 상품의 절대적인 수는 곡선의 모든 지점에서 증가하는 것이다. 다른 변화도 곡선에 영향을 줄 수 있다. 예를 들어, 더운 여름에는 아이스크림의 수요 곡선이 오른쪽으로 이동할 수 있다(아래 그래프 참조). 사람들이 아이스크림을 더 많이 먹기 때문에 같은 가격에서 아이스크림을 더 많이 살 것이다. 하지만 소득이 감소하면 수요가 줄어들면서 곡선이 왼쪽으로 이동한다.

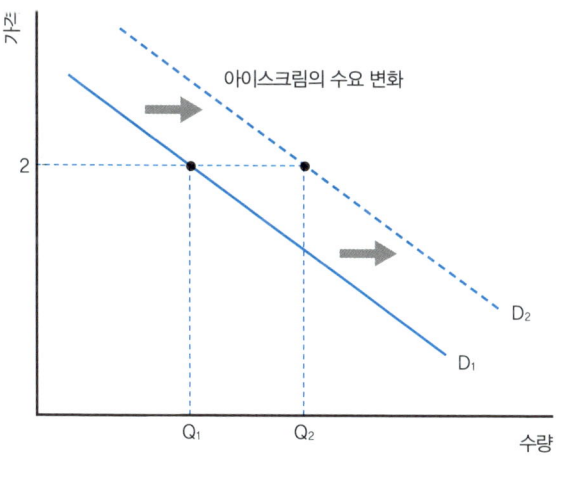

수요 곡선의 이동

공급 곡선도 마찬가지 현상이 벌어질 수 있다. 과일 작황이 좋으면 가격이 곡선을 따라 떨어지면서 과일 공급 곡선이 오른쪽으로 이동할 것이다. 반대로 과일이 부족하면 곡선은 왼쪽으로 이동하게 될 것이다.

수요와 공급의 균형

일부 구매자와 판매자가 만족할 수 있는 가격으로 재화가 공급되는 한, 수요 곡선과 공급 곡선은 어느 시점에서 교차하게 되고, 시장도 존재하게 된다. 같은 축 위에 수요 곡선과 공급 곡선을 그려 보면(51쪽 그래프 참조), 두 곡선이 교차하는 지점의 수량과 가격을 알 수 있다. 이 지점이 바로 해당 재화의 시장을 정의하는 기준이 된다. 사고 팔 수 있는 모든 종류의 재화에 대해 이와 같은 X자형 그래프를 그릴 수 있다.

그래프에서 두 선이 교차하는 점을 균형점(equilibrium point)이라고 하며, 그 균형점은 얼마나 많은 상품이 팔릴지 그리고 그것들이 얼마에 팔릴지를 보여 준다. 이 그래프가 파인애플의 수요 곡선과 공급 곡선이라고 가정해 보자. 파인애플 가격이 높으면 수요량은 적고, 가격이 떨어지면 수요량은 증가한다. 가격이 낮을 때는 공급하기를 원하는 생산자가 거의 없기 때문에 공급량은 낮아진다. 공급 곡선과 수요 곡선의 양쪽 하단 끝 간격은 크다. 이 간격 구간은 파인애플을 낮은 가격에 구매하고 싶어 하지만, 구매할 수 있는 파인애플이 충분하지 않아 좌절하게 될 사람들을 나타낸다.

  가격이 오르면(y축을 따라 올라감) 파인애플을 공급하기를 원하는 생산자는 많아지지만, 파인애플을 사고자 하는 소비자는 적어진다. 가격 축의 맨 위 지점에는 또 다른 큰 간격이 존재한다. 이 간격은 생산자가 공급하고자 하는 파인애플을 전부 구매할 만큼 사람들이 충분하지 않아 이 가격에서 팔리지 않고 남게 될 파인애플을 나타낸다.

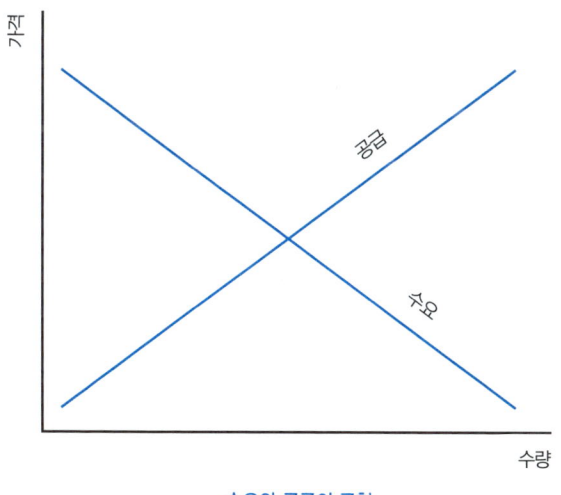

수요와 공급의 균형

가장 효율적인 지점

균형점에는 사람들이 지불할 수 있는 가격과 공급자들이 생산할 수 있는 가격으로 수요를 충족시킬 수 있는 파인애플이 충분히 존재한다. 이 가격에서 파인애플이 더 많이 생산된다면 공급량이 수요량을 초과하게 되므로 파인애플 중 일부는 팔리지 않고 남을 것이다. 아래 그래프의 음영 부분은 생산량이 Q로 증가할 경우 판매하지 못한 파인애플을 나타낸다.

어떤 시장이든 인위적으로 균형점을 막거나 변경하지 않는 한(생

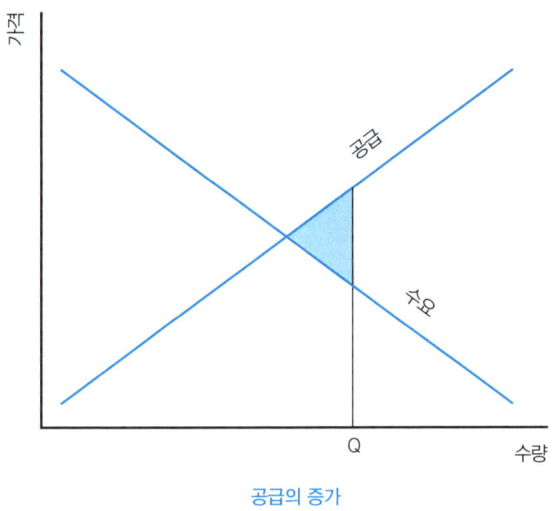

공급의 증가

산에 대한 정부의 보조금 등) 균형점은 자연스럽게 형성된다.

균형점은 '시장 청산점(market-clearing point)'이라고도 하는데, 공급된 수량 전부가 판매되어 시장이 깨끗해지면서 실망한 구매자도 없고 상품을 다 팔지 못한 판매자도 없다. 하지만 실제로 균형은 안정적이지 않으며, 수요와 공급, 가격의 빈번한 변화로 균형점이 이동할 수 있다.

공급과 수요 그리고 경쟁

부족한 자원에 대한 경쟁은 가격에 영향을 미치며, 이는 수요 곡선과 공급 곡선에 영향을 준다. 일자리보다 노동자가 더 많을 경우 노동자 공급량이 수요량보다 많아서 일자리를 얻기 위한 경쟁이 벌어진다. 이 상황은 (이론적으로) 임금을 떨어뜨릴 것이다. 반대로, 일자리는 많은데 노동자가 충분하지 않다면 노동 공급량이 적어서 노동자를 차지하기 위한 경쟁이 생긴다. 그리고 고용주들이 노동자를 유치하려고 경쟁함에 따라 임금이 상승할 것이다.

설탕이나 휘발유 같은 생활필수품도 희소해지면 가격이 상승한다. 사람들이 그 상품을 얻기 위해 경쟁하며 평소보다 더 많은 돈을 기꺼이 내려고 하기 때문이다. 사람들이 구매하고자 하는 양보다 상품이 더 많으면 가격은 내려간다. 이 관계는 시장을 조종하는 데 이용될 수 있다. 예를 들어, 정부가 사람들의 대출을 장려하고자 할 때는 금리를 인하한다. 이는 시장의 수요와 공급이 조정되어 적절한 수준에 도달할 것이라는 시장 원리에 따른 것이다.

시장 진입과 시장 퇴출

보통의 경우, 사람들이 어떤 상품을 더 많이 사고 싶어 하거나 더 적게 사고 싶어 한다고 해서 공급이 곧바로 달라질 수는 없다. 수요의 변동은 생산자가 시장을 떠나거나 시장에 진입하도록 자극함으로써 공급의 변동을 불러온다. 가끔은 이런 일이 쉽고 빠르게 발생하지만 그렇지 않은 경우가 대부분이다.

 유통 가능한 파인애플 수량이 매우 적으면 수요가 공급을 초과하게 된다. 이로 인해 경쟁이 생기면서 파인애플 가격이 상승한다. 52쪽 그래프의 왼쪽을 보면 수량은 적고(x축) 가격은 높다(y축). 이 상황은 파인애플 공급자에게 유리하지만, 소비자에게는 그렇지 않다. 이 지점에서 다른 판매자들이 시장에 진입할 것이다. 수요량을 충족시킬 수 있는 파인애플을 공급함으로써 돈 벌 기회가 있다고 판단하기 때문이다. 이제 공급량이 증가한다. 그러나 파인애플에 아주 높은 가격을 기꺼이 내려는 사람은 충분하지 않을 것이기 때문에, 현재 남은 수량을 팔기 위해서는 가격이 내려가야 한다.

다수의 신규 공급자가 파인애플 시장에 진입하면 공급 과잉이 발생하게 된다. 이는 그래프의 오른쪽에 나타나 있는데, 사람들이 원하는 것보다 파인애플이 많아져 공급자는 파인애플을 판매하려면 가격을 크게 내려야 한다. 가격이 너무 내려가면 일부 공급자는 파인애플을 취급할 의지가 없어져서 시장을 떠날 것이다. 그러면 공급량이 줄어들면서 가격이 다시 상승할 수 있다. 그리고 시장은 새로운 균형점을 찾게 된다.

이동 곡선

시장이 균형점에 도달하고 상품 가격이 달라지면 균형점은 수요 곡선을 따라 움직인다. 상품 가격이 오르면 판매량은 줄어들 것이고, 가격이 내려가면 판매량은 늘어날 것이다.

이러한 현상은 외부 상황이 시장에 영향을 미칠 때 발생할 수 있다. 만일 파인애플 시장이 균형점에 있었는데 허리케인으로 파인애플 농사가 일부 피해를 입었다면 공급은 감소하겠지만 가격은 변하지 않을 것이다. 물론 이후에 달라질 수는 있다.

일부 재화에 대한 수요 및 공급은 계절에 따라 달라지기도 한다. 산딸기는 여름에 더 많이 나기 때문에 이 시기에 가격이 더 낮아지는 경향이 있다. 겨울에는 산딸기를 수입해야 한다. 이때 공급이 적고 비용은 늘어나기 때문에 가격이 올라간다. 겨울에는 더 비싼 돈을 치르고 산딸기를 사려는 사람들이 적기 때문에 새로운 수급 균형이 이루어진다.

경제와 사람

파인애플을 구매하려는 사람이 너무 적으면 공급량은 수익을 낼 수 있는 가격으로 판매할 수 있는 적정량의 파인애플이 생산될 때까지 조정될 것이다. 여기서 간과한 것은 인적 비용이다. '잉여' 농부들은 불안과 우울, 절망의 길로 내몰리다가 수익이 나지 않는 땅에서 파인애플을 계속 재배해야 할지 아니면 다른 작물로 전환해야 할지 갈팡질팡하다 결국 빈곤에 빠지고 만다. 농부들이 파인애플 시장이 포화 상태인데도 일부러 파인애플 농사를 시작하지는 않았을 것이다. 파인애플 수요가 많았거나, 혹은 생산 방식이 효율적이지 못해 시장이 포화되지 않았거나, 혹은 파인애플 재배에 정부 보조금이 제공되었기 때문에 시작했을 것이다.

'노동'이 하나의 시장일지라도 노동은 사람이 제공한다. 그리고 우리가 구매하는 모든 재화와 서비스는 사람이 생산해 낸다. 윤리적인 경제학은 경제학을 적용하는 데 있어서 수치뿐만 아니라 사람도 고려해야 한다. 이 지점에서 경제학은 정치적인 성격을 띠게 된다. 일부 생산 영역에서는 탐욕스러운 세계 시장의 최악의 거래 방식으로부터 저개발국가의 농민, 노동자, 생산자를 보호하기 위해 '공정 무역(fair trade)'과 같은 운동이 시행되고 있다.

애덤 스미스

애덤 스미스는 영국의 철학자이자 정치경제학의 개척자다. 1776년에 그는 최초의 근대 경제학 저서인 《국부론》을 발표했다. 그는 자유시장경제학의 기초를 공표하면서 '합리적인 이기심'과 경쟁이 어떻게 경제에 부와 번영을 가져오는지 설명했다.

시장 경쟁을 다룬 첫 번째 글에서 그는 경쟁이 어떻게 가장 생산적인 자원 배분을 이끌어 내는지 설명했다. 원자재, 노동력, 투자 자본으로 이루어진 하나의 조합을 여러 다른 방식으로 사용할 수 있다면 경쟁은 그것들이 가장 수익성 높은 용도로 사용되도록 만든다는 것이다. 스미스는 개인의 이기적인 행동을 통해 사회의 이익이 증진되는 '보이지 않는 손(invisible hand)'을 언급한 것으로 유명하다. 그 내용은 다음과 같다.

'모든 개인은 자신의 이익만을 추구하며, 다른 많은 경우와 마찬가지로 보이지 않는 손에 이끌려 자신의 의도와는 무관한 목적을 실현하게 된다.'

단순하지 않은 시장 균형

이론적으로 시장은 저절로 균형 가격을 향해 가지만, 현실에서는 다른 요인이 개입하는 경우가 많고 시장의 힘은 그것을 극복할 정도로 강하지 않다. 따라서 수요와 공급의 최적 균형이 늘 달성되는 것은 아니다.

  시장은 고립된 상태로 존재하지 않으며, 사람들 또한 항상 합리적으로 행동하지는 않는다. 선진국 사람들은 파인애플 없이도 문제없이 살아갈 수 있다. 파인애플은 주식이 아니라 사치품이다. 얼마나 많은 사람이 파인애플을 구매할지는 다른 과일 등의 대체품 시장에 영향받을 것이다. 다른 과일의 가격이 오른다면 파인애플은 상대적으로 싸게 느껴질 것이고 더 많은 사람이 파인애플을 살 것이다. 그러나 다른 요인들도 사람들의 선택에 영향을 줄 수 있다. 예를 들면 다음과 같다.

- 파인애플이 살충제로 오염되었을지 모른다는 건강상의 우려
- 파인애플을 이용한 요리법을 홍보하는 유명 요리사
- 파인애플 농장 노동자의 복지에 관한 관심
- 파인애플이 건강에 매우 좋다는 뉴스 기사
- 파인애플을 먹는 것이 멋있다는 의견

아이러니하게도 파인애플 가격이 상승하더라도 사람들이 값비싼 과일, 즉 '특정 계층만 먹을 수 있는 과일'을 먹는 모습을 과시하고 싶어 한다면 파인애플 가격이 상승해도 수요가 늘어날 수 있다.

기간의 중요성

제품에 대한 수요가 달라지면 공급도 수요에 맞춰 달라진다. 공급자는 수요 변동이 장기적인 추세인지 단기간의 유행인지 먼저 파악해야 한다. 예를 들어, 어느 겨울에 특별히 비가 많이 오게 되면 종아리까지 오는 방수 부츠 수요가 증가할 수 있다. 그러나 한 번의 겨울 장마로 더 많은 방수 부츠 제조자들이 시장에 뛰어들지는 않을 것이다. 방수 부츠 제조 공장을 새로 세우려면 시간이 더 오래 걸릴 테니 말이다. 그보다는 이미 방수 부츠를 만들고 있던 기업들이 기존 직원들에게 초과 근무 수당을 지급하거나 임시직 노동자를 고용해 생산을 늘릴 가능성이 더 크다. 그러나 높은 강우량이 일상이 되면 더 많은 방수 부츠 제조자가 시장으로 뛰어들 것이다. 장기적인 방수 부츠 판매량 증가가 보장되면 신규 업체는 사업을 시작할 것이고 기존 생산자는 새로운 수요를 충족시키기 위해 사업을 확장하게 될 것이다.

정상재와 열등재

소득이 증가하면 그에 따라 수요가 증가하는 재화가 있는 반면에 수요가 감소하는 재화도 있다. 수요가 증가하는 재화는 정상재(normal goods), 수요가 감소하는 재화는 열등재(inferior goods)다. 만일 소득이 늘어 쇠고기 수요가 늘고 돼지고기 수요가 줄었다면 쇠고기는 정상재, 돼지고기는 열등재다.

열등재의 수요 곡선은 소득이 증가함에 따라 오른쪽으로 이동하는 일반적인 패턴을 따르지 않는다. 열등재 시장은 소득이 증가함에 따라 축소되며, 수요 곡선이 왼쪽으로 이동하게 된다.

가격 탄력성

상품 가격의 변화가 공급과 수요에 영향을 미치는 정도를 '가격 탄력성(price elasticity)'이라 한다. 탄력성이 큰 상품은 가격이 조금만 변해도 수요량이 크게 달라지고, 공급량이 조금만 변해도 가격이 크게 영향받는다. 이런 현상은 대체품을 쉽게 얻을 수 있는 상품에 해당할 가능성이 크다. 예를 들어, 사과 주스 가격이 오르면 많은 사람이 다른 과일 주스를 살 것이다. 가격이 10퍼센트 상승하면 수요는

20퍼센트 이상 감소할 수 있다. 1퍼센트의 가격 변화율이 1퍼센트 이상의 수요량 변화를 초래하는 경우 그 상품의 수요는 탄력적인 것으로 간주하며, 수요량의 변화율이 1퍼센트보다 작으면 비탄력적인 것으로 간주한다.

단기적으로는 비탄력적이지만 장기적으로는 탄력적인 상품도 있다. 갑작스럽게 다른 상품으로 전환하는 것이 쉽지 않을 때 이런 일이 발생한다. 예를 들어, 휘발유값이 내일 두 배가 되더라도 소비자는 여전히 차에 휘발유를 채워야 한다. 그들은 불필요한 이동은 줄이겠지만, 그래도 대부분의 사람들은 필요한 이동에 자동차를 이용할 것이나. 따라서 수요량은 줄어들겠지만 절반으로 줄지는 않을 것이다. 변화가 장기적으로 진행된다면 사람들이 더욱 경제적인 차량이나 대중교통으로 전환함에 따라 수요량이 서서히 영구적으로 줄어들 것이다. 또한 차량 제조업체들은 연비가 더 높은 대체 차량을 개발할 수밖에 없을 것이다. 따라서 장기적으로 가격 상승은 수요량에 더 큰 영향을 미치게 된다.

수많은 시장

경제는 다양한 상품을 위한 여러 시장으로 구성된다. 그 시장들은 모두 수요와 공급의 법칙을 따르며 서로 연결되어 있다. 강철 공급이 줄면 강철로 만드는 자동차 공급량도 줄면서 자동차 가격이 올라가는 등 연관성이 뚜렷하게 나타나기도 한다. 하지만 일부 시장은 뚜렷하게 연결되어 있지 않다.

쇠고기에 대한 수요가 증가하면 쇠고기 가격이 오르고, 쇠고기 생산자들은 확대된 시장을 이용하려고 쇠고기 공급을 늘릴 것이다. 동시에 쇠고기 생산량 증가에 따른 부산물인 가죽이 더 많이 생산될 것이다. 그 결과 가죽 공급은 증가하지만 수요가 함께 늘어나지 않으므로 가죽 가격은 내려갈 것이다.

노동 시장

재화와 서비스 시장이 존재하는 것처럼 노동 시장 역시 존재한다. 실업률이 증가하거나 값싼 노동력이 유입되어 가용 노동자가 많아지면 임금은 낮아진다. 그리고 고용이 많은 시기에는 노동자가 부족하게 되므로 고용주는 노동자를 유치하기 위해 더 높은 임금을 지불해야 한다.

수요 및 공급 곡선 모델은 단순화된 개념이다. 일반적으로 실업률은 높지만, 숙련된 간호사 같은 특정 기술을 가진 노동자가 부족할 수 있다. 그렇다고 실업자들이 갑자기 재교육을 받아 비어 있는 그 일자리를 채울 수는 없다. 특히 실업률이 낮은 시기에는 저숙련 일자리나 저임금 일자리에서 일하려는 사람이 부족할 수 있다. 전문 기술을 배우는 데 시간과 돈을 투자한 사람들은 이러한 일자리를 기피하므로, 일자리를 채우려면 임금을 올려야 한다.

  일부 산업에서는 얻을 수 있는 일자리 수보다 일자리를 구하는 사람이 항상 많다. 예를 들어 축구 선수, 배우, 작가, 가수 또는 예술가가 되기를 원하는 사람들은 결코 부족하지 않다. 그런 일을 좋아하면서 필요한 재능을 갖춘 사람들은 많지만, 그 사람들에게 골고루 돌아갈 일사리는 충분하지 않다. 결과적으로 이러한 업종에서 일하는 대부분의 사람들은 과잉 공급으로 인해 쉽게 대체되기 때문에 임금이 낮다.

가격에는 어떤 가치가
숨어 있을까

매장 진열 상품에 붙여진 가격은
단순한 숫자가 아니다. 그 상품을 만드는 데 들어간
비용과 가치를 보여 주는 신호다.

일상생활에서 재화와 서비스의 가격은 대부분 시장에 의해 정해진다. 시장은 수요와 공급의 원리에 따라 가격을 형성하며, 재화의 가치와 비용은 복잡한 방식으로 연관되어 가격에 반영된다.

구매자와 판매자

가격을 흥정할 수 있는 재래시장이나 온라인 경매 사이트에서 물건을 산 적이 있다면 물품의 가치가 유동적이라는 사실에 익숙할 것이다. 물품의 가치는 구매자가 치르고자 하는 액수와, 판매자가 기꺼이 받아들일 액수에 달려 있다. 일반적으로 구매자와 판매자는 다양한 가격을 제시하며, 이 가격이 일치할 때 거래가 이루어진다.

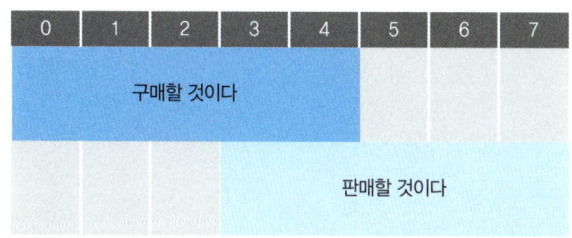

위와 같은 예에서 구매자와 판매자는 3달러에서 4.99달러 사이의 가격으로 거래할 수 있다. 3달러 아래에서는 판매자가 팔기를 꺼리고, 5달러 이상이면 구매자가 구매를 꺼린다. 이 물건의 가치는 판매될 수 있는 최고가와 최저가 사이에 있다.

경제학자들은 이러한 가치를 구분한다. 구매자가 재화나 서비스에 부여하는 가치는 구매자가 물건을 구매할 때 기꺼이 지불할 수 있는 최대 가격이다. 반대로 시장가치는 판매자가 확실히 판매할 수 있는 최저 가격이다.

경제적 가치

'경제적 가치(economic value)'란 어떤 물건이 구매자에게 제공하는 편익 또는 효용의 정도를 말한다. 물론 이것은 구매자와 상황에 따라 달라지지만, 그 평균이 물품의 가격을 결정하는 경향이 있다. 생수 한 병이 1달러에 판매된다고 가정해 보자. 더운 날 음악 축제에서는 사람들이 목이 마르고 물 마실 곳이 딱히 없기 때문에 생수 한 병이 2달러에도 쉽게 팔릴 수 있다. 그러나 추운 겨울날이라면 생수 판매가 불가능할 수도 있다.

신고전주의 경제학에서는 물품의 경제적 가치를 '완전 경쟁 시장(perfect competitive market)'에서 팔리는 가격으로 간주하므로 경제적 가치는 일반적인 가격과 같다.

시장가치

시장가치(market value)는 일반적으로 경제적 가치보다 낮다. 시장가치는 소비자가 어떤 상품에 지급할 수 있는 최소 가격을 의미한다. 판매자 입장에서 시장가치는 판매자가 상품이 팔릴 것으로 예상하는 가격이다. 판매자는 자신이 원하는 금액보다 낮은 가격에 상품을 판매하게 될 수도 있지만, 그 가격으로도 생산, 마케팅, 배송까지의 전체 과정이 경제적으로 타당해야 한다. 그렇지 않으면 이익을 낼 수 없다.

상품의 가치와 상품 시장은 다른 요인들과 완전히 무관한 경우가 드물다. 예를 들어, 빵이 부족하다면 버터나 잼에 대한 수요(시장가치)가 어느 정도 감소할 것이다.

소비자가 어떤 상품에 대해 돈을 지불할 수 있는 능력은 소비자가 보유한 돈의 액수에 따라서도 달라진다. 예를 들어, 임차료와 대출이자는 반드시 내야 하는 돈이기 때문에 이런 것들이 오르면 불필요한 것에 지출할 돈이 줄어들 것이다. 그렇다면 불필요한 품목에 대한 수요가 줄어들고, 그것의 시장가치도 하락할 수 있다.

대체재와 보완재

일부 재화의 수요, 공급, 가격 곡선은 서로 연관되어 있다. 대체재(substitute goods)는 다른 재화를 대체할 수 있는 재화다. 만일 파스타 가격이 오르거나 공급이 제한되면 대체재인 쌀의 판매량이 증가할 수 있다.

보완재(complementary goods)는 서로 함께 판매되는 재화로, 한 재화의 수요, 공급, 가격 곡선은 다른 재화의 판매량에 영향을 미친다. 만일 파스타 공급이 줄면 파스타 소스의 판매량도 줄어들 것이다. 일반적으로 파스타 소스가 파스타를 만들 때만 사용되기 때문이다. 반대의 경우도 마찬가지다. 영화 입장권 가격이 내려가면 사람들이

> ### 완전시장
>
> 경제학자들은 경쟁이 가장 치열하고 시장 왜곡 요인이 전혀 없는 시장을 의미하는 '완전시장(perfect market)' 개념을 종종 사용한다. 완전시장의 특징은 다음과 같다.
> - 모든 참가자는 모든 조건에 대한 완전한 정보를 가지고 있다.
> - 생산자와 소비자는 각자의 이익을 극대화하기 위해 합리적 결정을 내린다(소비자는 효용을 얻기 위해, 생산자는 이윤을 내기 위해).
> - 생산자와 소비자는 언제든 자유롭게 시장에 진입하거나 떠날 수 있다.
> - 모든 산출 품목이 동일하고 상호 교환이 가능하다.
> - 노동자를 포함한 모든 투입 단위가 동일하고 상호 교환이 가능하다.
> - 시장에 많은 기업이 있다.
> - 단일 기업이 시장 가격이나 시장 조건에 영향을 미칠 수 없다.
> - 정부 규제가 없다.
> - 외부 비용이나 외부 수익이 발생하지 않는다.
> - 기업은 장기적으로 정상 이윤만을 낼 수 있다.
>
> 그러나 실제 시장은 너무 다양하고 복잡하며 변화하기 때문에 이러한 조건은 결코 실현될 수 없다.

영화관에 더 많이 가게 되므로 영화관 로비에서 파는 팝콘 판매량도 늘어날 것이다.

생산 비용

제조업자나 농부와 같은 공급자는 물품의 가치를 생산 비용(cost of production)으로 측정한다. 공급자가 사업에서 성공하기 위해서는 생산 비용을 회수해야 하고, 기업이 이윤을 내려면 생산 비용보다 더 많은 돈을 재화 판매로 벌어야 한다.

생산 비용은 원자재 비용, 상품 생산에 사용된 자본(토지, 장비 등), 상품을 만들고 마케팅에 사용한 노동 비용, 그리고 생산자 본인의 노동 비용을 모두 합친 비용이다.

어떤 목공 장인이 맞춤형 목마를 일주일에 한 개씩 만든다고 가정해 보자. 원료(나무, 페인트, 니스, 가죽, 금속 부품)에는 70달러가 들어간다. 장인은 작업장 임차료로 일주일에 100달러를 낸다. 장비의 수명을 따져 평균을 낸 장비 비용은 일주일에 20달러다(70쪽 박스 글 참조). 전기, 광고 등의 기타 운영비는 일주일에 30달러가 든다. 장인은 다른 사람을 고용하지 않고 자신의 노동가치를 일주일에 700달러로 매긴다. 따라서 장인은 목마 한 개당 적어도 920달러

(70+100+20+30+700)에 판매해야 한다. 그렇지 않으면 손해를 보게 된다. 실제로 이 장인은 목마 가격을 1100달러로 정했고, 이는 920달러의 비용에 180달러의 이윤을 더한 값이다.

> **감가상각**
>
> 마모가 발생하는 자본재는 시간이 지나면서 가치가 떨어지는 감가상각(depreciation)의 대상이다. 제조자는 상품의 생산 비용을 고려할 때 자본재의 감가상각을 고려해야 한다. 상품 수명이 길더라도 자본재를 구매해 수리하고 교체하는 비용을 생산 비용 산출에 반드시 포함해야 한다.
> 플라스틱 빗을 만들기 위해 공장에 기계를 갖추는 데 100만 달러가 든다고 가정해 보자. 공장은 연간 500만 개의 빗을 생산하며, 기계를 교체해야 할 시점까지는 20년이 걸린다. 기계 비용은 기계의 수명 기간 동안 분산되기 때문에 100만 달러를 1억(500만×20)으로 나누면 0.01달러, 즉 빗 1개당 1센트가 된다. 빗 가격을 정할 때 다른 모든 비용과 함께 이 비용을 반드시 고려해야 한다.

소비자가 얻는 가치

소비자에게 가치는 어떤 상품에서 얻고자 하는 편익에 의해 정해진다. 여기서는 기회비용(소비자가 그 상품을 구매하기 위해 포기한 것)이 고려된다. 목마를 선택할 때 소비자는 공장에서 만들어진 100달러짜리 목마를 사는 대신 수제품 목마에 1100달러를 지출하는 것에서 충분한 만족감을 얻을 수 있을지 판단한다. 만약 저렴한 목마를 산다면 다른 물건에 지출할 수 있는 1000달러가 생기게 된다.

　대부분의 소비자는 비싼 목마를 살 여유가 없지만, 일부 소비자들은 수제품의 아름다움이 추가로 돈을 들일 가치가 있다고 생각한다. 후손에게 물려줄 수 있기를 바라거나 투자 가치가 있다고 여길 수도 있다. 몇몇 소비자는 비용에 대한 걱정 없이 목마를 살 수 있을 것이다. 이 가격에 목마를 구매하는 사람은 목마에서 얻게 될 효용가치를 1100달러로 평가한 것이다.

효용 측정하기

일부 경제학자들은 순수하게 금전적 측면에서 효용을 측정하려고 한다. 이 체계에서는 아름다운 물건을 소유하면서 얻게 되는 미적 혜택은 전혀 고려되지 않는다. 그래서 시장가치와는 거리가 먼 이상한 평가가 나오기도 한다.

　다음과 같은 가정을 살펴보자. 생물학과 학생이 전공 책을 사느라 75달러를 지출했다. 하지만 더는 생물학을 공부하지 않겠다고 결정하게 되면서 그 책은 쓸모없게 되었다. 학생이 책을 처분하려고 할 무렵, 책은 이미 개정되어 되팔 가치마저 없어졌다(0달러). 학생은 책을 자선 가게에 기증하게 되었고, 자선 가게는 책값에 1달러를 매겼다. 한 10대 여학생이 그 책을 샀다. 책에서 영감을 받은 여학생은 생물학을 공부하게 되었고, 그 결과 평생 5만 달러를 더 벌게 되었다. 그녀에게 이 책은 5만 달러의 효용을 안겨 주었기에 매우 가치가 있다. 그렇다면 이 책의 가치는 얼마일까? 0달러일까, 1달러일까? 아니면 75달러일까, 5만 달러일까?

> ### 한계 효용
>
> 물건을 살 때마다 그 물건의 가치는 달라진다. 특정 유형의 물건을 하나씩 추가할 때마다 얻는 효용(만족도) 변화를 '한계 효용(marginal utility)'이라 한다. 배고픈 상태에서 샌드위치를 하나 먹을 때 얻는 한계 효용은 매우 높다. 하지만 두 번째 샌드위치를 먹을 때는 한계 효용이 줄어든다. 이 시점에서 당신은 아마도 샌드위치를 더는 원하지 않을 것이다. 그런데 원하지 않는 세 번째 샌드위치를 먹어야 한다면, 추가로 먹는 샌드위치에서는 마이너스의 한계 효용을 얻게 될 것이다.

모든 노동의 가치

가치를 계산하는 또 다른 방법이 있다. 상품 생산에 관련된 모든 노동의 관점에서 가치를 측정하는 것이다. 이 방법은 애덤 스미스가 처음 제안하고, 칼 마르크스가 채택한 노동가치설(labor theory of value, LTV)을 기반으로 한다.

노동가치설은 재화나 서비스 생산에 필요한 모든 노동의 가치를 측정한다. 예를 들어, 헤어드라이어의 노동가치를 계산하려면 기계를 만들고 공장을 세우는 작업, 제품을 설계하는 작업, 공장 내 식당을 운영하는 작업, 석유로 플라스틱을 생산하는 작업 등의 노동을 모두 포함해야 한다. 노동가치설은 비주류 경제학의 대표 이론이다.

사용가치와 교환가치

마르크스는 사용가치(use value)와 교환가치를 구분했다. 사용가치는 상품이 얼마나 유용한지, 즉 상품이 가져다주는 효용이나 편익의 정도를 측정한 것이다. 반면 교환가치는 우리가 다른 물건과 비교해 어떤 물건에 부여하는 가치다. 일반적으로 사람들은 돈의 관점에서 교환가치를 생각한다. 예를 들어, 우리는 10달러를 책 한 권이나 식당에서의 한 끼 식사로 교환할 수 있다. 이 경우, 책과 식사는 교환가치가 같다.

버블

대부분의 경제 이론에서와 마찬가지로, 사용가치와 교환가치 간의 균형은 이상적인 시장 조건에서 합리적으로 행동하는 사람들에게 달려 있다. 그러나 사람들이 항상 합리적으로 행동하는 것은 아니다. 버블(bubble) 경제에서는 사람들이 상품 가치가 더 높아질 것으로 생각해 비정상적으로 높은 가격을 지불하게 된다. 가치가 떨어지면 사람들의 손에는 가치 없는 물건만 남게 된다.

1990년대의 닷컴버블(dot-com bubble) 당시, 인터넷 기반 기업들의 주식이 급등하면서 이러한 현상이 나타났다. 온라인 사업으로 돈을 번 사람들을 본 투자자들은 인터넷 기업들의 주식을 닥치는 대로 사들였다. 그러나 인터넷 기업 중에는 건전한 사업 계획도 없고 성공 가능성도 없어 보이는 기업들이 포함되어 있었다. 결과적으로 이 기업들은 과대평가되었으며 빠르게 파산했다.

가치와 관련해 비이성적으로 행동한 사람들에 관한 가장 기괴하고 비극적인 사례 중 하나는 17세기에 발생한 '튤립 파동(tulip mania)'이다. 1593년, 튀르키예에서 네덜란드로 들어온 튤립은 곧바로 인기를 얻었다. 이후 1600년대 초, 튤립이 바이러스에 감염되면서 꽃잎에 다양한 색이 나타나는 현상이 생겼다. 감염된 튤립은 더 매력적으로 여겨져 높은 가격에 거래되었다. 튤립의 인기가 치솟으면서 가격은 급등했고, 한 달 만에 20배나 상승했다. 튤립 가치가 계속해서 높아질 것이라고 확신하면서 일반 사람들까지 튤립 구근에 투자하기 시작했다.

튤립 열풍이 한창일 때, 투기꾼들은 전 재산을 튤립에 투자하거나 튤립 구근 하나를 사기 위해 집을 팔기도 했다. 소유자가 계속 바뀌면서 튤립 구근 하나가 5200플로린(당시 평균 노동자의 연봉이 150~200플로린이었다)에 거래되기도 했다. 결국 시장이 무너졌을 때, 주요 투자자들은 큰 타격을 입었고 일부는 파산했다. 이 사건은 최초의 상품 호황 및 폭락 사태였으며, 당연히 마지막은 아니었다. 이 기간 동안 튤립의 사용가치는 무시되었고, 교환가치는 말도 안 될 정도로 부풀려졌다. 탐욕에 광란이 더해지면서 당시의 거래 호황에 기름이 부어진 격이었다. 이 호황은 사용가치와 교환가치의 차이가 너무나도 빠른 시간 안에 커졌기 때문에 지속될 수 없었다.

17세기에 **튤립**은 본래의 용도를 넘어 투기의 중심이 되었다.

비니 베이비 인형

버블 현상은 의도적으로 악용될 수 있다. 1990년대에 많은 사람들이 미국의 타이(Ty)라는 기업에서 만든 작은 봉제 인형인 비니 베이비(Beanie Babies)를 구입했다. 기발한 마케팅 전략으로 사람들은 비니 베이비가 가치가 있을 것이라고 확신했고, 곧 투자로 이어졌다.

타이는 다양한 디자인의 제품을 출시했고, 각각의 디자인을 한정된 기간에만 유통한 다음 단종시키고, 다시 새로운 디자인을 출시했다. 인형의 교환가치가 커질 수 있도록 희소성을 조작한 것이다. 단종된 인형들은 소유자가 바뀌면서 수백 달러에 거래되기도 했다. 비니 베이비의 교환가치는 인위적인 방식에 의해 터무니없이 높았던 반면에 사용가치는 매우 낮았다. 지금도 이 인형들로 가득 찬 상자를 가지고 있는 사람들이 많다. 비니 베이비의 '가치'는 시장의 거품 속에서만 존재했던 것이다.

다양한 가치 측정 기준

우리는 지금까지 돈이나 교환가치의 관점에서 가치를 측정하는 데 집중해 왔다. 보편적으로 인정되는 다른 측정법이 없기 때문이다.

일부 경제학자들이 '유틸(util)'이라는 명목상의 단위로 효용가치를 측정하려 했지만, 그다지 효과적이지 않았다. 예를 들어, 의자는 40유틸의 가치가 있고 자동차는 5000유틸의 가치가 있다고 할 수 있지만, 이러한 비교는 다소 자의적이다. 자동차만 필요한 사람에게 의자는 전혀 가치가 없고, 그 반대도 마찬가지다.

　몇몇 상황에서는 시간을 가치 측정의 기준으로 삼을 수 있다. 시간은 모든 사람에게 유한하며, 시간을 들여 어떤 활동을 하든 아니면 단순히 기다리고 있든 그 시간에는 비용이 발생한다. 예를 들어, 당신은 물건을 사리 마트에 가는 것보다 돈을 더 내고 물건이 집까지 배송되는 쪽을 선호하는가? 혹은 어떤 물건을 좀 더 싸게 사기 위해 긴 줄에서 기다릴 생각이 있는가? 아니면 어떤 물건을 사러 멀리 가는 데 드는 돈보다는 시간을 더 소중하게 생각하기 때문에 동네에서 살 수 있는 물건에 더 많은 돈

> '어떤 것의 실제 가격, 즉 그것을 얻고자 하는 사람이 실제로 치러야 하는 것은 그것을 얻기 위한 노력과 수고다. 어떤 것을 소유한 사람이 그것을 처분하거나 다른 것으로 교환하려고 할 때, 그것이 진정으로 갖는 가치는 그것 덕분에 그가 면할 수 있는 노력과 수고, 그리고 다른 사람에게 부과할 수 있는 노력과 수고에 있다. 이것이 인간의 노력으로는 증가시킬 수 없는 것들을 제외하고, 모든 것의 교환 가능한 가치의 토대라는 사실은 정치경제학에서 가장 중요한 원칙이다.'
>
> 애덤 스미스, 《국부론》 중에서

을 쓸 의향이 있는가?

  지금까지 살펴본 것처럼 희소성은 가치를 창출할 수 있으며, 때때로 내재가치나 효용가치가 거의 없고 지속적인 교환가치마저 거의 없는 것도 가치 있게 보이도록 만들 수 있다. 예술 작품은 이러한 희소성 덕분에 안전한 투자 대상으로 여겨지기도 한다. 이미 세상을 떠난 위대한 예술가의 작품은 공급이 부족한 데다가 각각의 작품이 고유하기 때문에 가치를 유지할 것으로 기대된다. 그러나 예술 역시 유행과 취향의 영향을 받기 마련이며, 관심에서 멀어진 작가의 작품은 비록 그림 자체는 변하지 않더라도 가치가 떨어질 수 있다.

05
부유한 나라인지 아닌지 어떻게 판단할까

당신이 사는 나라는 부유한가?
국가의 부를 측정하는 일은 단순히 돈의 액수를
세는 것보다 훨씬 더 복잡하다.

누군가 당신에게 가진 돈이 얼마인지 물어본다면 당신은 지갑에 든 현금이나 은행 계좌에 입금해 둔 예금액을 떠올릴 것이다. 또한 집이나 자동차처럼 덩치가 큰 소유물의 가치도 포함할 수 있다. 당신이 주식과 지분을 가지고 있다면 이것 역시 당신의 자산이다.

자산을 판단하는 또 다른 방법은 소득이라는 측면이다. 이와 비슷하게 부유한 나라를 언급할 때는 그 나라의 보유 자산(통화량, 금 등의 기타 자산)과 소득을 고려할 수 있는데, 일반적으로 소득이 더 중요하게 여겨진다.

국가의 부

국가의 경우, 부와 소득은 높은 상관관계가 있다. 경제학자들은 부를 소득을 창출하는 자산의 총합으로 간주한다. 전반적으로 국가는 가치 있는 자산을 줄어들게 할 가능성이 개인보다는 적으며, 그 자산을 가동해 소득을 발생시킬 가능성이 크다. 따라서 국가 간의 부를 비교할 때 보통은 소득 수준을 추정하는 방식으로 비교하는 것이 합리적이다.

한 국가의 소득은 종종 국내총생산(gross domestic product, GDP)으로 나타낸다. 이것은 한 국가가 생산하는 모든 것의 가치를 측정한 수치다. GDP는 재화와 서비스의 최종 가치로부터 작동하기 때문에 부가가치세(value-added tax, VAT)와 같은 소비세도 포함된다.

> **유형자산과 무형자산**
>
> 자산은 가치가 있는 모든 것을 의미한다. 자산은 건물이나 돈처럼 유형의 것일 수도 있고, 음악 저작권이나 땅에서 석유를 채굴할 권리처럼 무형의 것일 수 있다. 유형자산(tangible assets)은 물리적 실체가 있지만, 무형자산(intangible assets)은 물리적 실체가 없다.

GDP 계산하기

GDP 수치는 정부가 수집한 수많은 납세 신고서와 기타 자료를 바탕으로 계산된다. 하지만 그 수치가 절대적으로 정확한 것은 아니다. 납세 신고서를 작성하면서 실수를 저지르는 사람도 있고, 정직하게 작성하지 않거나 아예 신고하지 않는 사람도 있기 때문이다.

거래가 사고파는 방식이 아닌 유형도 존재한다. 예를 들어, 영국의 의료 서비스는 정부의 지원으로 이루어진다. 환자는 약국에서 처방 의약품값만 부담하면 되는데, 심지어 그 약값도 처방전의 10퍼센트에 불과하다. 영국 국민에게는 병원에서 사용 되는 약, 외과 수술 및 치료가 사용 시점에서 무상으로 지급된다. 즉, 영국 국민보건서비스(National Health Service, NHS)의 생산량 대부분이 GDP에 나타나지 않는다. 이에 따른 해결책은 의료 서비스를 제공하는 데서 발생하는 비용을 국민보건서비스의 소득(생산된 서비스의 가치)에 포함하는 것이다.

효율성 향상과 생산성 저하

비용을 고려해 생산성을 계산할 때 나타나는 한 가지 특이한 점이 있다. 어떤 서비스 생산이 더 효율적으로 이루어져서 생산 비용이 줄어드는 경우, 생산량이 줄어든 것처럼 보인다는 것이다.

이전에는 의사가 수행하던 몇 가지 작업을 간호사들이 맡게 되었다고 가정해 보자. 간호사는 의사보다 적은 보수를 받기 때문에 치료받는 환자 수는 동일하더라도 치료에 들어가는 비용은 줄어든다. 효율성의 향상이 이런 회계 방식으로 인해 생산성 저하처럼 보이게 되는 것이다.

GDP에 포함되지 않는 것

GDP에는 신고한 재화와 서비스만 포함된다. 따라서 지하경제(black economy)는 GDP에 포함되지 않으며, 돈이 오가지 않는 재화와 서비스 역시 마찬가지다.

지하경제에서는 신고하지 않은 현금 거래를 통해 과세를 피하려는 비공식적인 교환이 이루어진다. 잔디를 깎아 준 정원사나 담장을 시공해 준 벽돌공에서 집주인이 현금으로 작업비를 지급한다면 공식적인 서류에는 그 작업이나 그 지불에 대한 흔적이 남지 않을 수 있다. 현금으로 돈을 받는 자영업자는 소득의 일부만을 세무 당국에 신고하거나 아예 신고하지 않을 수 있다. 이런 방식으로 그들은 세금 납부를 피한다. 물론 이것은 불법이며, 감시하기가 어렵다. 인터넷 송금이나 수표 지급은 세무 당국이 찾을 수 있는 흔적을 남기지만, 현금은 그렇지 않다.

소득을 신고하지 않는 또 다른 이유도 있다. 실업 수당 청구자 중 일부는 자신의 실제 소득이 알려지면 수당 지급이 취소되므로 불법임을 알아도 소득 신고를 안 하기도 한다. 마약 거래와 같은 불법적인 행위를 통해 소득이 발생하는 경우도 그렇다.

자급자족

GDP에서 누락되었다고 해서 모두 불법이거나 부정행위인 것은 아니다. 많은 일이 추적 가능한 소득을 창출하지는 않지만 가치는 발생시킨다.

집을 개조하는 리모델링 작업을 직접 수행하거나 텃밭에서 채소를 키우는 사람은 돈으로 사야 할 가치 있는 상품을 직접 생산해 낸다. 아이를 키우거나 나이 든 가족을 돌보는 일, 잡다한 집안일을 도맡는 것은 가정 내에서 종종 무료로 제공되는 서비스다. 세계의 일부 지역 사람들은 자급 농업에 종사하며 남에게 판매하기보다는 자신의 가족이 먹을 먹을거리를 재배하고 있다. 이것은 국가의 GDP

에는 나타나지 않지만, 전체 국민에게는 중요한 가치의 원천이다.

GDP의 용도

경제학자들은 GDP를 국민의 생활 수준을 판단하는 기준으로 사용한다. 현재의 GDP를 이전 연도들과 비교함으로써 생활 수준이 얼마나 향상 혹은 악화되었는지 알 수 있다. 또한 다른 나라와 GDP를 비교함으로써 국가별 번영과 생활 수준 순위를 매길 수 있다.

한 국가의 GDP가 시간이 지남에 따라 증가한다는 것은 생활 수준이 향상되고 있음을 보여 준다. 그러나 반드시 고려해야 할 것이 있는데, 바로 인플레이션(inflation)이다(14장 참조). 인플레이션은 시간 경과에 따른 물가의 지속적인 상승 현상을 말한다. 이는 인플레이션이 발생한 기간에는 같은 금액으로 구매할 수 있는 재화와 서비스의 양이 줄어드는 것을 의미한다. 만일 5년 동안 한 국가의 GDP가 2000억 달러에서 2100억 달러로 5퍼센트 증가하고, 같은 기간 동안 물가가 10퍼센트 상승했다면 생활 수준은 오히려 떨어진 것이다. 2100억 달러로 구매할 수 있는 재화와 서비스가 2000억 달러로 구매할 수 있었던 것보다 적기 때문이다.

이처럼 인플레이션에 의해 결과가 왜곡되는 것을 피하기 위해 경제학자들은 명목 GDP와 실질 GDP를 구별한다. 명목 GDP는 물가를 고려하지 않고 계산한 수치다. 실질 GDP는 소매물가지수(retail price index, RPI)를 반영하기 때문에 비교 목적에 더 유용하다.

GDP가 보여 주지 않는 또 다른 요인은 인구 규모다. 한 국가의 GDP가 일정 기간 동안 5퍼센트 증가하고 인구는 10퍼센트 증가했다면 평균적인 생활 수준은 하락한 것이다. 각 개인이 GDP에 차지하는 비율이 낮아지기 때문이다. 이를 반영하려면 GDP를 인구수로 나눈 1인당 GDP를 사용해 비교해야 한다.

그래도 해결되지 않는 문제

1인당 GDP를 계산해도 여전히 해결되지 않는 문제가 몇 가지 있다. 효율성 향상이 생산성 저하로 보이는 경우와 마찬가지로, 추가 비용 없이 품질이 향상되는 경우도 생산성이 떨어진 것처럼 보일 수 있다. 지난 수십 년 동안 컴퓨터 제조 비용은 감소했지만 속도와 품질, 저장 기능은 대폭 향상되었다. 2023년에 300달러에 판매된 컴퓨터는 GDP상으로는 1990년에 1000달러에 판매된 컴퓨터보다 가치가 덜한 것으로 나타나지만, 성능 면에서는 월등하다.

또한 희소성이 물가를 올릴 수 있다. 예를 들어, 석유 가격이 두 배로 오르면 소비가 4분의 1가량 줄어들어도 석유에 대한 총지출은 증가한다. 이는 GDP 상승으로 이어지지만, 생산성과 생활 수준은 오히려 하락한다.

GDP의 상승은 겉으로는 생활 수준이 향상된 것처럼 보이지만, 항상 그런 것은 아니다. 공공 지출이 증가하면 GDP도 늘어나지만, 실제로는 생활 수준이 떨어졌음을 의미하기도 한다. 전쟁 중에는 방위비 지출액이 매우 높다. 이는 국가 GDP의 증가로 나타나지만, 사람들은 평화로웠던 시기보다 훨씬 낮은 생활 수준을 이어가고 있을 것이다. 마찬가지로 사회적 소요나 높은 범죄율은 치안에 대한 지출 증가로 이어져 이 역시 GDP를 증가시킬 수 있다. 그러나 사람들이 폭동과 범죄 등에 시달리게 되고 생활 수준은 낮아진다.

불평등이 심한 국가라면 GDP가 아주 높더라도 대부분의 국민이 높은 생활 수준을 누리고 있지는 않을 것이다. GDP 상승은 국민 대다수의 생활 수준이 떨어지는 반면, 소수 부유층의 소비는 과도하게 증가했음을 나타내는 것일 수도 있다(15장 참조).

무절제한 소비

만일 저축한 돈을 모두 출금해 새 가구와 옷을 사고 비싼 식당에서 식사를 하고 외국으로 휴가를 간다면 지금 당장은 높은 생활 수준을 누릴 수 있겠지만, 돈을 다시 채워 넣을 수 없는 경우라면 미래는 암울할 것이다. 국가 역시 투자와 소비의 균형을 맞추어야 한다.

국가가 짧은 기간에 모든 돈을 다 써 버리고 투자를 소홀히 한다면, GDP는 당장 상승하겠지만 나중에는 낮아질 것이 거의 확실하다. 민주 국가에서는 정부가 한정된 임기로 선출되기 때문에 유권자들의 마음을 사로잡아야 한다. '지금 쓰고 나중에 갚자'라는 유혹이 클 수 있으며, 이는 지출 계획의 재정적 결과를 다음 정부가 집권할 때까지 느끼지 못할 수도 있다는 것을 의미한다.

GDP 비교의 함정

GDP는 종종 두 나라 이상의 생활 수준이나 부를 비교하는 지표로 사용된다. 여기서도 인구수를 고려해 1인당 GDP를 계산하는 것이 중요하다. 그러지 않고 총 GDP로만 비교한다면 인구가 작고 부유한 나라가, 인구가 아주 많고 가난한 나라보다 더 못 사는 것처럼 보일 수 있다.

통화 선택

국가 간 경제를 비교할 때 생기는 한 가지 어려움은 비교에 사용할 통화를 결정하는 일이다. 영국의 GDP는 파운드 스털링(pound sterling, £: 파운드의 정식 명칭)으로, 유로존 국가들의 GDP는 유로(€)로, 미국의 GDP는 달러($)로 나타내는데, 그렇다면 이들을 어떻게 비교할 수 있을까? 환율은 수시로 변동하기 때문에 비교가 이루어지는 특정 시점에 한 통화의 가치가 유독 강하거나 약하다면 이 국가들의 상대적인 부에 대한 왜곡된 결과가 나타날 수 있다.

이를 해결하기 위해 '국제달러(Int$)'가 자주 사용된다. 이 국제달러는 '기어리-카미스 달러(Geary-Khamis dollar)'라고도 불리는데, 이 개념을 제안하고 발전시킨 경제학자 로이 기어리(Roy Geary)와 세일럼 한나 카미스(Salem Hanna Khamis)의 이름에서 따온 것이다. 국제달러는 '구매력 평가 지수(purchasing power parity, PPP)'를 바탕으로, 특정 기준 연도(예: 2017년)의 미국 달러와 구매력 기준으로 동일한 가치를 지니는 통화 단위다.

다음 표는 국제달러를 기준으로 한 2021년 각국의 GDP 수치로, 국제통화기금(IMF)의 자료에서 가져왔다. 참고로, 2021년 4월 전 세계의 1인당 GDP는 16997국제달러였다.

국가	1인당 GDP(단위: 국제달러)	순위
룩셈부르크	115,683	1
싱가포르	106,032	2
아일랜드	102,496	3
카타르	92,862	4
미국	63,670	11
독일	53,180	20
호주	49,774	22
캐나다	47,893	25
프랑스	44,993	26
영국	44,979	27
일본	40,784	36
폴란드	34,916	44
튀르키예	31,467	52
러시아	27,960	58
멕시코	19,086	76
중국	17,603	80
이라크	8,962	124
인도	6,592	133
나이지리아	4,923	149
중앙아프리카공화국	838	194

> **구매력 평가 지수**
>
> 구매력 평가 지수는 두 국가의 통화 간 구매력(각 통화 단위로 구입할 수 있는 것)을 비교하는 방법이다. 이 지수는 두 개의 동일한 물품 가격을 공식 통화 환율과 비교해 계산한다. 예를 들어, 중국 위안화와 유로화 환율이 7 대 1인 경우, 두 통화의 구매력이 같으려면 스페인에서 1유로인 물건은 중국에서 7위안이어야 한다. 그 물건값이 4위안이라면 중국인이 같은 금액으로 더 많은 물건을 살 수 있으므로, 위안화의 구매력이 유로화의 구매력보다 높을 것이다.

자급자족이 GDP 수치에 미치는 영향

문화 유형은 GDP에 영향을 미쳐 의미 있는 비교를 어렵게 만든다. 예를 들어, 직접 만든 물건, 텃밭 가꾸기, 육아 등 가정 내에서 이루어지는 생산 활동은 특히 서로 다른 국가들의 GDP를 비교하는 데 혼란을 줄 수 있다.

일부 국가의 1인당 GDP를 살펴보면 국가 경제가 버틸 수 없을 것처럼 보일 수도 있다. 1인당 연간 생산량이 838국제달러(하루 2.30국제달러 미만) 정도인 중앙아프리카공화국은 어떻게 유지될 수 있을까 하는 의문이 든다. 하지만 중앙아프리카공화국에서는 많은 국민이 식량을 비롯한 여러 재화를 스스로 생산한다. 이러한 수치는 공식적인 경제에 포함되지 않으므로 GDP에도 드러나지 않는다.

만약 한 농부가 암탉이 낳은 알을 부화시켜 더 많은 닭을 키우고, 달걀과 닭고기를 직접 먹거나 이웃들과 다른 재화로 물물교환을 하는 경우, 이 생산 능력은 국제 금융 시장에서 인정되지 않는다. 반면, 미국에 사는 한 사람이 달걀과 닭고기, 그 외 다른 재화(아프리카 농부가 물물교환으로 얻은 동일 품목)를 구입하는 데 쓰는 금액이 수백 달러에 이를 수 있고, 이 금액은 중앙아프리카공화국의 1인당 GDP보다 많을 수 있다.

직접 채소를 재배하고 자기 집을 짓고 닭을 기르더라도 중앙아프리가공화국 국민의 평균 소득으로 미국에서 살아가기는 상당히 어려울 것이다. 이는 미국의 물건값이 훨씬 비싸고 난방, 조명 및 교통과 같이 꼭 필요한 지출이 더 많기 때문이다. 다른 나라 물건의 상대적 상품 비용은 구매력 평가 지수를 통해 비교할 수 있다.

소비가 보여 주는 삶의 방식

개인이 지출하는 항목은 환경에 따라 다르다. 스칸디나비아 지역 사람들은 난방을 하는 데 많은 돈을 쓰지만, 기후가 따뜻한 아프리카 니제르에서는 이러한 지출이 크지 않다. 미국에서는 대부분의 사람이 출근하기 위해 교통비를 지출해야 하지만, 일부 가난한 국가에서는 대부분의 사람이 걸어서 출근한다. 미국에서는 대부분의 사람이 건강보험을 통해 의료비를 내지만, 영국에서는 중앙 정부가 의료 서비스를 제공하고 세금을 통해 비용을 충당한다.

  이 모든 차이는 생활 수준과 국가 간 비교에 영향을 미친다. 소비할 것이 많지 않다면 그만큼 많이 벌 필요도 없다.

변화하는 GDP

경제학자들은 변화율이 주어지면 간단한 방정식을 이용해 GDP가 두 배로 되거나 절반으로 줄어드는 데 얼마나 걸릴지 계산할 수 있다. 증가율이 g퍼센트라면 GDP가 두 배로 되는 데 70/g년이 걸린다. 증가율이 3.5퍼센트라면 GDP가 두 배로 증가하는 데 70÷3.5, 즉 20년이 걸리고, 증가율이 2퍼센트라면 GDP가 두 배로 증가하는 데 70÷2, 즉 35년이 걸릴 것이다.

지금의 경제 체제는
처음부터 이랬을까

현대의 경제 체제는
오랜 시간에 걸쳐 발전해 왔으며,
사회 변화에 따라 적응해 왔다.

자본주의는 사업이 이윤 창출을 목적으로 운영된다는 원칙에 기초한 경제 체제이며, 오늘날 세계의 지배적인 경제 체제다.

자본주의적 시장

자본주의는 세 가지 시장, 즉 노동 시장, 재화와 서비스 시장, 금융 시장을 전제로 한다. 앞의 두 시장만 있어도 살아가는 데 문제없을 것처럼 보일 수도 있다. 이윤을 창출해야 할 필요 없이 생존에 필요한 것을 살 수 있을 만큼만 벌어서 비교적 편안하게 살면 되기 때문이다.

　이러한 유형의 체제는 과거에 존재했으며, 지금도 세계의 일부 지역에 여전히 존재한다. 각 개인은 자신에게 필요한 다른 것들과 교환하거나 팔기 위한 물건들을 생산한다. 그전에는 각자가 자신에게 필요한 모든 것을 직접 기르거나 만들었다. 이를 자급자족 생활이라고 하며, 일반적으로 각 가정에서 소비하는 음식과 재료 등을 직접 생산하는 자급 농업 형태를 취한다(이러한 경제를 자급 경제라고 한다). 자급 경제가 이루어지려면 닭 몇 마리, 소에 대한 부분적인 소유권, 밀과 채소를 키울 수 있는 토지, 가구를 만들기 위한 목재와 기본 도구 등이 필요하다.

경제 구축의 필수 요소

경제를 구축하려면 사람들에게 명확한 역할을 주어야 한다. 이것은 성장 잠재력을 제공한다. 그리고 성장은 모든 사람이 더 나은 생활 방식을 누릴 수 있어야 한다는 것을 의미한다.

　오래전, 노동의 전문화는 매우 합리적이었다. 어떤 사람은 양을 키워 양모를 생산했고, 다른 사람은 그 양모로 모직 망토를 능숙하게 만들었다. 다른 누군가는 채소를 많이 재배했다. 사람들이 함께 일하게 되면서, 모든 사람이 자신이 잘하는 일과 잘하지 못하는 일을 다 하며 필요한 것들을 생산하려고 애쓸 때보다 사회는 더 효율적이었다. 이 시점에서 돈의 유용성이 커졌다. 토큰(token)을 기반으로 한 경제는 물물교환을 기반으로 한 경제보다 관리하기가 더 수월했기 때문이다(1장 참조).

모든 것이 순조롭게 굴러가면서 그 공동체는 남는 재화를 다른 사회와 거래할 수 있었다. 사람들은 더 멀리 여행하면서 새로운 시장과 새로운 상품을 발견했다. 로마인들이 실크로드를 따라 중국과 거래를 시작하면서 비단을 살 수 있었고, 중국인들은 양모, 금, 은을 살 수 있었다. 수 세기 동안 무역은 계속되었고, 유럽인들은 차, 비취, 그리고 서양에서는 구할 수 없었던 다른 것들을 선호하게 되었다.

경제 키우기

하지만 이런 단순한 상업 교환경제는 크게 발전할 수 없었고, 이는 사회 자체가 큰 발전을 이루지 못한 것을 의미한다. 모든 사람이 즉각적인 판매나 소비를 위해 제품을 만들거나 재배하는 동안, 연구와 개발이 이루어질 가능성은 없다. 누가 중기기관을 설계할 시간이 있겠는가? 누가 철도망을 구축할 돈을 가지고 있겠는가? 오늘날 개발도상국에는 소규모 사업가와 자영업자가 많지만, 자본 없이는 사업을 성장시키기가 어렵다.

자본주의는 대규모 장기 프로젝트를 촉진한다. 연구와 개발, 제조 및 서비스 사업의 확장에는 투자가 필요하다. 단기적으로는 경제적 생산성이 떨어지지만, 장기적으로는 경제적 생산성을 높이기 위한 제품 개발과 연구가 필연적으로 수반된다. 기업이 이러한 투자에 필요한 자금을 모아 놓지 않았다면 돈을 빌려야 한다. 그렇다면 누가 돈을 빌려줄까? 잘못하면 손실이 발생할 수 있는데, 아무런 보상이 없다면 그 누구도 돈을 빌려주지 않을 것이다. 그래서 투자자들이 더 많은 대가를 기대하며 기업에 돈을 빌려주는 체제가 생겨났다. 투자자들에게 돈을 갚으려면 기업은 수익을 내야만 한다.

반복 작업과 분업

생산성을 높이는 방법 중 하나는 노동 분업이다. 복잡한 여러 단계의 업무를 한 사람이 수행하는 것보다 여러 사람이 각자 임무를 맡아 같은 부분을 반복적으로 수행하는 것이 더 생산적이다. 이는 누군가가 하나의 공정을 전체적으로 파악하고 그 작업을 더 효율적인 단위로 나누는 방법으로 생산성을 높이기로 결정했을 때만 가능하다. 그런 다음 그 공정은 서로 나누어 만든 제품을 효율적인 속도로 전달할 수 있도록 조직화되어야 한다. 한 사람이 작업을 끝내는 데 1분이 걸리고, 5분이 걸리는 다른 사람의 작업을 기다려야 한다면 그건 비효율적이다. 분업화한 각각의 작업이 균등하지 않다면, 빠른 작업보다 느린 작업에 더 많은 사람을 고용해 생산 흐름을 개선해야 한다.

핀의 경제학

애덤 스미스는 핀 제조 사례를 이용해 노동 분업이 어떻게 사업을 수익성 있게 만들 수 있는지 보여 주었다.

스미스는 양털을 재배하고 가공하고 직조하는 작업자들을 따로 분리하는 수준을 넘어서, 철사로 핀을 만드는 것과 같은 단순한 과정도 여러 단계로 나눌 수 있으며 각 단계를 다른 작업자가 수행할 수 있다고 제안했다. 그는 노동자가 혼자서 처음부터 끝까지 핀을 만들면 하루에 20개의 핀을 완성할 수 있는 반면, 한두 단계를 전문으로 하는 10명의 노동자는 하루에 4만 8000개의 핀을 만들 수 있다고 주장했다.

실제로 1832년에는 핀 공장이 1인당 하루 8000개의 핀(1776년 비율의 거의 두 배)을 생산했으며, 1980년에는 상당한 기계화 덕분에 노동자 1인당 하루 80만 개의 핀을 생산했다.

이렇게 작업이 개별 단위로 나누어지면 기계화가 더 쉬워지는 경우가 많다. 그 결과 부품 조립이나 용접 같은 단순 작업을 포함하는 많은 공장 일자리가 기계로 대체되었다.

봉건제에서 중상주의로

중세 유럽의 경제 체제는 봉건제다. 사회에서 가장 가난한 사람들인 농노와 농민은 지역 영주가 소유한 땅에서 일했다. 농노들은 노동에 대한 대가로 식량이나 거처, 다른 영주로부터의 보호와 같은 최소한

중세 봉건제 사회에서 농노들은 영주의 땅에서 농사지으며 살았고, 노동의 대가로 식량과 거처 등 최소한의 혜택만을 받았다.

의 혜택만을 받았다. 경쟁도 자유시장도 없었을 뿐 아니라 누구를 위해 일할지 선택할 자유도 거의 없었다. 부는 영주의 몫이었고, 대부분 상속되거나 전투에서 빼앗는 방식으로 이전되었으며, 농노가 아무리 열심히 일해도 그들에게 부가 돌아가지는 않았다. 이는 결코 공평한 상황이 아니었다.

15세기에는 이탈리아에서 최초로 은행이 생겨나고 국제무역이 성장하면서 봉건제가 중상주의 경제 방식으로 바뀌었다. 개인은 더는 농노가 아니었고(적어도 이론적으로는) 일할 곳과 임금, 직종에 대해 더 많은 선택권을 가지게 되었다. 상인들은 한 시장에서 상품을 싸게 구입해 다른 시장에서 이윤을 남기면서 판매하는 식의 상품 거래

흑사병: 봉건제의 끝?

일부 경제사학자들은 1340년대에 발생해 유럽 인구의 3분의 1 정도를 죽음에 이르게 한 전염병인 흑사병에 의해 봉건제가 끝났다고 주장한다. 당시 흑사병으로 수많은 노동자가 사망하면서 드넓은 땅은 황폐화되었고 농작물이 들판에서 썩어 갔다. 흑사병이 지나간 후, 살아남은 노동자들은 노동에 대한 대가로 훨씬 나은 조건을 요구할 수 있었다. 노동자의 공급이 감소하고 수요가 높았으므로 노동 시장에 남아 있는 사람들은 수요와 공급의 법칙에 따라 더 좋은 조건을 확보할 수 있었다. 그 조건 중에는 이동의 자유, 주인을 선택할 수 있는 자유, 더 나은 보수가 포함되었다.

를 통해 대부분의 돈을 벌었고, 이 체제를 지배하게 되었다.

중상주의는 다른 나라의 금은괴를 획득할 목적으로 최소한의 수입과 최대한의 수출을 장려했다. 이 방침은 세계 경제에 존재하는 돈의 액수가 정해져 있다는 것을 가정했고, 한 국가가 돈을 획득하려면 다른 국가가 손해를 봐야 한다는 원칙을 기반으로 했다. 정부는 국내 시장을 보호하기 위해 수입 통제, 국내 생산품에 대한 보조금 지급, 보호 관세(국내 시장을 보호하기 위해 수입품에 부과하는 세금)를 도입했다. 현대 국가들도 때때로 이 전략을 채택하는데, 남미와 아프리카 개발도상국들이 가장 높은 세금을 부과하고 있다.

모두가 더 부유해질 수 있다

18세기부터 데이비드 흄(David Hume)과 애덤 스미스 같은 경제 이론가들은 세계의 총자산이 고정되어 있다는 기존의 생각에 이의를 제기했고, 19세기에 영국은 관세 중심의 보호무역 체제를 포기했다. 산업혁명은 노동자들을 극도로 착취하는 전형적인 자본주의적 공장주들을 탄생시켰다. 초기에는 노동자를 보호하는 법안이 없었기 때문에 인권 침해와 학대가 만연했다. 일부 서구 국가에서는 여전히 아동 노동이 존재하는 등 사회의 최하층에 속한 사람들에게는 불행한 시기였다.

윌리엄 블레이크(William Blake)가 시 〈아득한 옛날 그 발걸음은(And did those feet in ancient time)〉(1808)에서 언급한 영국의 그 '사악한 악마의 맷돌(dark Satanic mills)'은 바로 이 시기를 배경으로 한다. 19세기 후반부터는 사회적 약자

> '빈곤 예방에는 무역의 개방과 균형, 제조업의 보호, 게으름의 추방, 사치 금지법을 통한 낭비와 무절제 억제, 토양 개선 및 관리, 가격 규제가 필요하다.'
>
> 프랜시스 베이컨Francis Bacon, 〈반란과 분쟁에 관하여Of Seditions and Troubles〉 중에서

산업화는 19세기 초 아동 노동의 증가를 가져왔다. 많은 어린이들이 열 살 무렵부터 공장과 탄광에 고용되어 더럽고 위험한 일을 했다.

를 더 많이 보호하기 위한 법안이 제정되기 시작했다.

> ### 더 부유해지는 법
>
> 다른 누군가가 가난해지지 않으면서 우리 모두가 더 부유해진다는 것은 상상할 수 없는 일이지만, 생산성이 증가하면 가능한 얘기다. 더욱 효율적인 생산체계를 채택하면 동일한 자원으로 더 많이 생산할 수 있으며, 이는 번영을 가져온다. 개인 차원에서도 적용되는 얘기다. 5달러로 생선을 사서 요리하면 한 끼를 먹을 수 있다. 만약 낚싯대에 5달러를 쓴다면 생선을 잡아 여러 번 저녁 식사로 먹을 수 있다. 마찬가지로 5달러로 사과 한 봉지 대신 사과나무 묘목을 사면 여러 해 동안 사과를 수확할 수 있다.

우리가 사는 세상은 자본주의 체제일까

국가가 경제를 처음부터 설계하는
경우는 드물다. 대부분은 이미 존재하는
경제 모델을 바탕으로 발전해 나간다.

미국은 헌법을 제정할 때 국정과 경제에 관한 여러 개념을 유럽에서 들여왔다. 그 개념들은 새로운 국가에 반영되었으며, 자유시장경제 (free market economy)도 그중 하나였다.

자유시장경제와 명령경제

자유시장경제는 우리가 지금까지 살펴본 방식으로 작동한다. 다시 말해, 개인과 기업은 자본을 소유하고 그 자본을 노동, 토지, 자원과 함께 사용해 재화와 서비스를 생산한다. 재화와 서비스는 공개 시장(open market)에서 수요와 공급의 법칙에 따라 시장에서 형성되는 가격에 판매된다. 시장, 즉 물건을 사고팔려는 사람들의 의지가 무엇을, 누구를 위해, 얼마만큼 생산할지를 결정한다.

자유시장경제에 대응되는 개념은 명령경제(command economy)다. 이 경제 체제에서는 정부나 국가가 자본을 소유하고 생산될 생산물, 생산 방식, 판매 가격 및 판매 대상을 결정한다. 명령경제는 소련, 중국, 북한과 같은 공산주의 국가에서 주로 채택되었다.

1978년에 발행된 북한의 5원짜리 지폐 속 그림. 노동자와 농민의 모습은 명령경제 체제의 산업과 농업을 나타낸다.

자유시장경제와 명령경제의 주요 차이점은 생산 수단의 소유 방식에 있다. 자유시장경제에서 생산 수단은 개인이나 기업이 갖는다(기업도 개인이 전적으로 소유하거나 주식을 통해 소유한다). 명령경제에서는 정부가 국민을 대신해 생산 수단을 소유한다.

명령경제의 함정

이상적인 세계에서 선의로 운영되는 명령경제는 공정하고 공평한 국가를 만들어야 한다. 하지만 현실 세계에서는 그렇지 않다. 부패와 이기심으로 부가 집중되며 신흥 지배 계급이 등장한다. 최하층 계급에 해당하는 노동자들은 빈곤을 겪으며, 무엇을 살 수 있는지, 시간을 어떻게 보낼지, 어떤 삶을 살 것인지에 대해 선택권이 거의 없다.

정부가 생산을 통제해 생산자들 간의 경쟁이 이루어지지 않으면 다양한 상품을 제공할 동기가 생기지 않는다. 실제로 다양한 상품을 생산하는 것은 노력이 중복되고 생산의 효율성이 떨어지기 때문에 경제적으로 무모한 일이다. 한 가지 스타일의 자동차만 생산하는 큰 공장을 운영할 수 있는데, 더 작은 공장 두 곳에서 서로 다른 스타일의 자동차를 생산할 이유가 있겠는가? 제품을 판매해 이윤을 내려는 개인 소유주가 없다면 더 많은 고객을 유치하기 위해 단일 모델의 자동차를 개선할 동기도 생기지 않는다.

경쟁이 부족하면 기준이 낮아지고 획일화된다. 2차 세계대전 이후 동유럽의 공산주의 명령경제에서 이런 일이 벌어졌다. 서구 시장 상품들이 다양하고 품질이 높다는 것을 알게 된 사람들은 자신들의 명령경제가 제공하는 것에 점점 더 불만을 품게 되었다. 많은 사람들이 더 나은 생활 수준을 누리기 위해 떠나고 싶어 했고, 공산주의 정권은 서구로의 대규모 탈출을 막기 위해 국경을 감시해야 했다.

긍정적인 측면에서 명령경제는 (제대로 실행된다면) 모든 사람에게 높은 수준의 의료와 교육을 제공할 수 있다. 예를 들어, 소련에서는 스포츠와 음악에 재능 있는 아이들을 선발해 부모에게는 아무런 비용 부담을 주지 않고 그 아이들을 집중적으로 가르치는 과정을 통해 몇 가지 성과를 거두기도 했다(하지만 선택권이 없다는 것에는 단점이 있다. 선택받은 아이 중 얼마나 많은 아이들이 훈련을 받다가 버려졌는지, 혹은 훈련받기를 원하지 않았는데 훈련받았는지 알 수 없다. 이 시스템은 여러 면에서 학대적이었으며, 그 점은 시간이 흐르고 나서야 명백해졌다).

사회를 위한 개인

명령경제에서는 개인의 개성을 발휘할 여지가 거의 없다. 기발한 아이디어, 재능, 기업가 정신을 가진 사람도 이 능력을 자신의 개인적인 부를 늘리는 데 사용할 수 없으며, 사회 전체의 이익을 위해서만 사용할 수 있다. 그것이 반드시 나쁜 것은 아니며, 실제로 사회마다 개인과 사회 간의 관계를 평가하고 이해하는 방법은 다양하다. 소련의 과학자들과 예술가들은 자유시장경제의 과학자, 예술가만큼이나 위대한 업적을 달성했고, 이 경우에 그들을 자극한 것은 서구와의 경쟁이었다. 그러나 전반적으로 20세기 명령경제의 사례를 살펴보면, 개인적 이익이나 명예 같은 유인책이 없으면 사람들은 개선하려는 동기를 갖기 어려워 일부 경제 활동이 뒤처지게 된다는 것을 알 수 있다.

20세기 공산주의 국가들의 평등에 대한 집중은 그 경제 체제의 직접적인 결과는 아니었지만, 경제 체제에 부정적인 영향을 미쳤다. 일부 공산 정권은 노동력을 최대한 활용하는 대신, 지식인들을 집단농장이나 공장 같은 곳에서 일하도록 강요함으로써 지식인에 대한 공격을 시작했다. 특히 중국과 캄보디아에서는 엘리트 집단에 대한 탄압으로 극심한 개인적 고통을 안긴 것은 물론 상당한 인적 자본이 낭비되었다. 그 결과, 막대한 천연자원과 인구를 보유한 국가들이 자유시장경제에서 달성할 수 있었던 것보다 훨씬 낮은 생산성을 보였고, 국민 대부분의 생활 수준이 훨씬 낮아졌다.

자유시장의 이면

한편, 자유시장경제도 나름의 문제가 있다. 생산 수단이 소수의 손에 쉽게 집중될 수 있으며, 그 소수는 엘리트가 되어 자신들의 지위와 재산을 적극적으로 보호한다.

시장은 무엇을 만들어 판매할지, 어떤 가격에 누구에게 판매할지를 결정한다. 시장은 또한 누가 생산의 혜택을 받을지도 결정한다. 소비자는 다양한 유형의 상품 중에서 자유롭게 선택할 수 있기 때문에 무엇이 팔릴지는 그들이 좌우하는 셈이다. 그들은 원하지 않는 물건은 사지 않을 것이며, 감당할 수 없는 가격에서는 물건을 구매

독점과 과점

독점은 경쟁과 반대되는 시장 조건을 의미한다. 독점 시장에는 단 하나의 공급자나 생산자만 존재하며 다른 사업자의 시장 진입을 막는 진입 장벽이 존재한다. 이 장벽은 재정적, 법적, 물리적 요인일 수 있다. 예를 들어, 사우디아라비아 정부는 자국의 석유 채굴 및 판매에 대한 권리를 통제하기 때문에 다른 기업이 창업할 수 없다.

과점은 몇몇 공급자나 생산자가 시장을 통제할 때 나타난다. 과점은 효과적으로 가격을 통제한다. 한 공급자가 가격을 내리면 다른 공급자들도 고객(시장 점유율)을 잃지 않기 위해 가격을 같이 내리게 된다.

하지 않을 것이다. 이론적으로는 공급자들 간의 경쟁이 풍부한 선택권을 보장하면서 가격을 균형점까지 끌어내리겠지만, 실제로는 이러한 이상적인 상황에 도달하지 못한다.

예를 들어, 주택이나 식품, 난방, 물과 같은 필수재의 경우, 사람들은 좋든 싫든 시장이 정한 가격을 지불해야 한다. 일례로, 일부 에너지 시장에서는 경쟁이 거의 없거나 전혀 없다. 공급업체가 단 하나인 시장을 독점이라고 한다. 만약 상하수도가 이미 설치되어 민간이 소유하고 있는 나라에서는 새로운 수도 회사가 시장에 진입하는 것이 불가능하다. 신생 기업은 기반 시설을 공급하고 있는 기업과 계약을 맺어야 할 것이다.

혼합경제와 공공 서비스

오늘날 대부분의 경제는 혼합경제(mixed economy)다. 혼합경제에서는 사치품을 위한 자유시장이 존재하는 한편, 공적 자금은 모든 사람의 이익을 위해 생산되는 일부 필수적인 재화와 서비스 비용을 지급하는 데 사용된다. 이들 서비스에는 물·전기·가스와 같은 편의시설 공급, 병원·가정의(family doctor)·치과 치료 등의 의료 서비스, 철도·버스·국적 항공사와 같은 교통 서비스 중 일부 혹은 전부가 포함될 수 있다.

일부 재화와 서비스는 자유시장경제에서도 국가가 제공해야 한다. 도로, 경찰력, 군대가 그 예다. 군대의 보호 혜택에서 일부 사람들을 제외하는 것은 불가능하므로, 이 서비스는 비용 지급 여부와 상관없이 모든 사람이 이용할 수 있다(13장 참조).

혼합경제에서 자유시장의 범위는 국가마다 다르다. 의료와 교육은 모든 시민에게 무상으로 제공될 수도 있고, 비용이 청구될 수도 있는 서비스의 한 예다. 일부 국가에서는 의료와 교육이 공공과 민간 서비스 모두 제공되며, 사람들은 무상 공공 서비스를 이용할지, 아니면 더 나은(그렇지 않을 수도 있다) 민간 서비스에 비용을 지불하며 이용할지 선택할 수 있다. 의료 서비스의 경우, 미국은 영국보다 더 자유시장 접근 방식을 취하는 편으로, 경제적 여유가 있는 사람들은 민간 건강보험에 가입하고 그렇지 않은 사람들은 국가가 제공하는 의료 서비스에 의존한다. 영국에서는 국민보건서비스가 모든 국민에게 의료 서비스를 보장하며, 이는 전적으로 세금으로 운영되고 이용 시점에서 무료다. 영국에도 민간 의료보험이 있으며, 때로는 경제적 능력이 있으면서 국가 시스템의 대안을 원하는 사람들은 민간 의료 서비스를 선택한다.

GDP에서 정부 지출이 차지하는 비율을 검토함으로써 시장이 얼마나 혼합되어 있는지 또는 얼마나 자유로운지 측정할 수 있다. 영국은 다른 유럽연합 국가들보다 자유시장 접근 방식을 더 강하게 띠고 있다. 미국은 세계에서 가장 큰 자유시장경제로, 복지 지원과 공공 서비스 제공 수준이 낮고 사회 불평등 수준이 높다(15장 참조). 스칸디나비아 국가들은 국가 소득의 높은 비율을 공공재에 지출하고, 무료 보육과 더 높은 수준의 환경 보호와 같은 혜택을 제공한다. 스칸디나비아 사람들의 생활 수준은 평균적으로 다른 지역 사람들보다 높으며, 사회 불평등 수준은 더 낮다. 이 모든 공적 서비스는 많은 세금에 의해 제공되며(8장 참조), 소비자들은 지출할 돈이 적게 남기 때문에 돈을 어떻게 쓸지에 대한 선택의 폭이 줄어든다.

공공 지출의 증가

모든 정부는 예상되는 공공 지출 수준에 맞춰 계획을 세우지만, 예상치 못한 사건은 최상의 계획조차 차질을 일으킬 수 있다(물론 처음부터 최상의 계획을 세우는 국가는 거의 없다).

2020년, 전 세계는 코로나19 팬데믹으로 혼란에 빠졌고, 전 세계 사회와 경제가 마비되었다. 각국은 의료, 공중 보건 및 사회적 지원 비용이 크게 증가했다. 많은 사람들이 일을 멈추었고, 기업 운영도 불가능하게 되면서 세수가 급감했다. 지출이 증가하면서 GDP는 감소했다. 이러한 팬데믹에서 회복되기 전에 러시아가 우크라이나를 침공하면서 경제적 혼란은 더욱 심화되었다. 유럽에 대한 러시아의 가스 공급이 중단되었고, 우크라이나의 식량 수출도 중단되었다. 연료나 식량을 구할 수 없는 사람들을 위한 정부 지원으로 지출은 더욱 증가했다.

자본주의의 다양한 형태

앞에서 살펴본 것처럼 자본주의는 하나의 형태만 있는 게 아니다. 자유방임(laissez-faire) 또는 자유주의적(liberal) 자본주의는 최소한의 법률이나 정부 개입으로 가능한 한 많은 것을 시장의 힘에 맡기는 것을 원칙으로 한다. 영국에서는 빅토리아 시대의 기업가들이 이 방식을 선호했고, 그 결과 극심한 빈곤과 사회 불평등이 발생했다. 오늘날에도 많은 개발도상국에서 이 방식이 채택되어 노동 착취, 아동 노동 및 노예 노동, 끔찍한 노동 조건으로 이어지고 있다. 이 방식은 일부 선진 경제에서도 다시 채택되고 있다.

영국의 경제학자 존 메이너드 케인스(John Maynard Keynes)는 시장이 최적의 수준으로 운영되도록 자유시장 사회에서도 어느 정도 시장에 대한 정부 개입이 필요하다고 주장했다. 이것이 바로 케인스식 자본주의(Keynesian capitalism)다. 혼합경제를 택한 서구 선진국은 개입과 시장의 힘 사이에서 균형을 이루려고 노력한다. 정확히 어느 지점에서 균형이 맞는지는 경제학자들의 논쟁의 대상이며, 정치적으로도 좌파와 우파의 주요 논쟁거리가 되고 있다.

우파 정치인들은 정부 개입을 최대한 줄이고 경쟁, 선택, 시장의 힘을 극대화하는 것이 모든 사람에게 더 많은 기회를 제공하는 강력한 경제로 이어진다는 이유로 이를 선호한다. 좌파 정치인들은 완전 자유시장은 본질적으로 노동자들을 희생시키면서 고용주에게 유리하게 편향되어 있다는 이유로 주요 산업의 공공 소유, 확대된 복지 시스템, 소비자·노동자·빈곤층 보호를 위한 법률 강화를 선호한다. 대부분의 서구 정치인들은 일반적으로 이 두 극단에서 중도를 찾으려고 노력한다.

세금은
왜 내는 걸까

세금은 우리 삶에서
불가피하게 따라오는 부분이다. 그렇다면
우리는 왜 세금을 내야 하는 걸까?

대다수 사람들은 세금에 대해 불평하고, 일부는 세금을 내지 않으려 애쓴다. 하지만 정부가 경찰력과 도로, 학교 등 모든 사람이 필요로 하는 공공재와 공공 서비스를 제공하려면 세금은 필수적이다.

직접세와 간접세

경제학자들은 세금을 직접세(direct tax)와 간접세(indirect tax)로 구분한다.

직접세는 돈을 번 납세자가 정부 징수 기관에 직접 내는 세금으로, 개인에게 징수하는 소득세와 기업의 이윤에 근거한 법인세가 있다. 간접세는 소매상과 같은 중개인이 판매 시점에서 소비자로부터 징수한 후, 나중에 정부의 징수 기관에 납부하게 된다. 대부분의 상품과 서비스에 일정 비율로 적용되는 부가가치세, 주류와 석유 제품 등 특정 품목에 부과되는 개별소비세(specific excise tax)가 간접세에 해당하는데, 개별소비세는 제품에 따라 다르게 부과된다. 미국과 같은 일부 국가에서는 최종 소비 단계에서 부과되는 매출세(sales tax)도 있다.

대부분의 경제는 직접세와 간접세가 혼합되어 있다. 일반적으로 소득에는 과세가 이루어진다. 임금(개인의 경우)과 수익(기업의 경우)에 세금이 부과되는데, 어떤 수준에 고정된 비례세(flat rate tax)가 될 수도 있고, 소득이 증가함에 따라 과세 수준이 높아지는 누진세(progressive tax)가 될 수도 있다. 또한 미국처럼 재화와 서비스에 국세와 지방세가 부과될 수 있다. 필수품은 세금이 면제되거나 낮은 비율로 과세되는데, 영국에서는 대부분의 식품, 아동복과 책에는 부가가치세가 부과되지 않는다.

세금 유형

일부 상품이나 돈의 이전에는 추가 세금이 부과된다. 한 예로, 토지나 부동산을 사고팔 때 부과되는 인지세(stamp duty)가 있다. 원래 인지세는 양도 문서를 승인받기 위한 우표 모양의 '종이 인지' 비용이었는데, 현재는 종이 인지가 사라지고 전자 인지가 도입되었다.

부의 이전과 관련된 세금은 높은 세율로 책정되기도 한다. 여기에는 물려받은 돈·재화·부동산에 대한 상속세, 부동산을 포함한 고가 품목의 판매에 부과되는 양도소득세가 포함된다. 일부 국가에서는 대형 주택이나 예술품처럼 개인이 소유한 가치 있는 재화에 부유세를 부과한다. 관광세는 수많은 관광객이 도시 기반 시설에 부담을 주는 것에 요금을 부과하는 방식이다. 베니스는 숙박하는 관광객에게 숙박세(overnight tax)를 부과하는 도시 중 하나다.

세금으로 행동 통제하기

소비세(excise duty)는 특정 유형의 재화 제조 및 유통에 부과하는 세금이다. 여기에는 해외에서 들여온 상품에 대한 수입 관세가 포함될 수 있다. 건강에 해롭다고 간주되는 사치품에 대한 소비세는 흔히 '죄

악세(sin tax)'라고 불린다. 죄악세는 정부가 사회 공학의 일환으로 사용할 수 있다. 다시 말해, 정부는 담배나 술, 가당 음료 같은 재화를 소비할 때 돈을 많이 지불하게 함으로써 소비를 억제할 수 있다. 세금은 또한 특정 형태의 행동을 장려하는 데 사용되기도 한다. 예를 들어, 정부는 더 건강한 생활 방식을 장려하기 위해 운동 기구나 영양가 높은 식품에 대해서 소비세를 면제할 수 있다.

사람들의 행동에 영향을 미치는 이러한 과세와 면제가 단순히 국

독특한 세금의 역사

과거에는 이상한 것에도 세금이 부과되었다. 고대 로마에서는 노예가 노예 신분을 벗어나기 위해 치른 자기 몸값에도 세금을 부과했고, 가죽 공장이나 기타 산업에서 사용하기 위해 판매되는 소변에도 세금이 부과되었다. 중세 유럽에서는 비누에도 세금을 부과했다.

특히 영국은 아주 독특한 세금이 많았다. 18세기에는 창문(집에 창문이 열 개가 넘을 경우), 벽난로, 벽돌, 가발 파우더, 양초, 날염 벽지에 세금이 부과되었다. 이 모든 세금은 부유층을 겨냥한 것이었다. 그 시기에 지어진 영국 시골의 일부 저택은 세금 부담을 줄이기 위해 창문을 벽돌로 막았는데, 그런 집들을 지금도 볼 수 있다. 당시 사람들은 벽돌에 부과되는 세금도 줄이려고 큰 벽돌을 사용해 벽돌 수를 줄이려고 했다. 하지만 곧 더 높은 세금이 부과되었다. 또한 날염 벽지에 부과되는 세금을 피하기 위해 벽에 일반 벽지를 붙인 다음, 그 위에 무늬를 그려 넣기도 했다.

민을 위해서만 행해지는 것은 아니다. 건강한 국민은 건강하지 않은 국민보다 경제적으로 생산성이 더 높으며, 정부 입장에서 국민이 건강하면 의료 및 복지에 대한 지출이 적게 든다.

세금 아닌 요금

경제학자의 관점에서 보면 세금처럼 보이는데 세금이 아닌 징수도 있다. 영국에서는 근로자들이 소득에 대해 세금을 내고 국민보험료(National Insurance, NI)도 납부한다. 국민보험료는 세금처럼 보이지만, 엄밀히 말하면 복지 국가가 제공하는 서비스에 대한 요금으로 간주된다. 이 서비스에는 무상 의료, 실업자나 저소득층을 위한 복지 혜택, 노년층을 위한 연금이 포함된다.

지방 자치 단체에 내는 지방세는 교육, 쓰레기 수거, 경찰력, 도로 유지 보수와 같은 지역 서비스 자금으로 사용된다.

세금 부담의 전가

개인과 기업에 부과되는 세금은 정부가 결정한다. 과세 금액은 정권이 바뀜에 따라 종종 달라지고, 상당한 자금이 필요한 전쟁이나 팬데믹과 같은 위기 상황에서도 달라질 수 있다. 세금 부담을 할당하는 방식은 정부의 가치관과 정부가 선호하는 경제 모델 유형을 반영한다.

혼합경제 체제에서 좌파 성향의 정부는 일반적으로 기반 시설이나 복지와 같은 공공 서비스에 더 많은 돈을 배분할 수 있도록 더 많은 세금(특히 부유층에게)을 부과한다. 좌파의 접근법은 빈곤층이 적정 수준의 생활을 유지할 수 있도록 그들을 지원하고 불평등을 줄이는 데에 중점을 둔다. 이를 위해 정부는 높은 수준의 직접세를 부과하고 때로는 비필수 품목이나 사치품에 더 높은 간접세를 부과해 재원을 확보한다.

우파 성향의 정부는 세금을 줄이고, 그에 따라 공공 지출을 줄이는 경향이 있다. 우파의 접근법은 사회를 더욱 번영시키겠다는 목표로, 고소득층에 최소한의 세금만을 부과해 노력과 수익성을 보상해 줌으로써 기업과 개인의 노력을 장려하는 쪽을 선호한다. 우파 정부는 종종 낮은 수준의 직접세와 높은 수준의 간접세를 부과한다. 일반적으로 지출에 부과되는 간접세는 과세 품목에 돈을 지출할지 여부를 선택할 수 있기 때문에 사람들이 통제할 수 있다.

정부나 지방 자치 단체는 구매에 부과되는 간접세로 이점을 누리게 된다. 간접세는 거주자뿐만 아니라 방문객이나 관광객에게도 부

필수품과 비필수품

비필수 상품에 대한 간접세를 정할 때, 경제학자와 정치인은 어떤 상품이 필수품인지 결정해야 한다. 이 과정에서 같은 범주 안의 상품에서도 몇 가지 이상한 구분이 생겨난다.

영국에서는 대부분의 식품이 필수품으로 간주되어 부가가치세가 붙지 않는다. 그러나 뜨거운 음식, 감자칩, 소금이 가미된 볶은 견과류(소금이 가미되지 않은 생견과류는 면세), 비스킷(케이크는 면세), 과일 주스(과일은 면세)에는 부가가치세가 붙는다. 고기에도 부가가치세가 부과되지 않지만, 일반적인 식품으로 간주되는 것에 한해서다. 따라서 악어고기, 타조고기, 말고기에는 부가가치세가 부과된다. 일반 채소에는 부가가치세가 없지만, 관상용 꽃양배추에는 부가가치세가 있다. 일반적으로 사람들이 먹는 활어에는 부가가치세가 없지만, 식용이 아닌 관상용 물고기에는 부가가치세가 붙는다.

영국 사람들이 일반적으로 먹는 육류가 아닌 동물의 사료에는 부가가치세가 붙는다. 따라서 닭 사료에는 부가가치세가 없지만, 개 사료에는 부가가치세가 있다.

어린이 옷과 신발에는 부가가치세가 붙지 않는다. 아기를 감싸는 용도로 쓰는 모자 달린 수건에는 부가가치세가 없지만, 모자가 달리지 않은 수건에는 부가가치세가 부과된다. 양가죽이나 토끼털이 아닌 경우, 외부가 진짜 모피로 된 모자에는 부가가치세가 붙지만, 인조 모피로 만든 모자나 내부만 모피로 된 모자에는 부가가치세가 붙지 않는다. 어린이용 스카프에는 부가가치세가 붙지 않지만, 헤어밴드와 귀마개에는 부가가치세가 부과된다. 장난감 총이나 수갑 같은 액세서리가 분장용 복장에 포함되어 판매되는 경우라면 부가가치세가 붙지 않는다.

과되기 때문이다. 그러나 이 세금은 소득이 낮아도 세금 면제가 되지 않아 저소득층에게는 부담을 준다.

세금은 어디에 쓰이는가

세금 수입은 다음과 같은 여러 필수적인 사항에 쓰인다.

- 국가와 정부 운영
- 법과 질서(치안), 국가 안보(군사) 집행
- 기반 시설(도로, 대중교통, 정보 통신망) 유지

그리고 정도는 다르지만, 다음과 같은 사항에도 지출된다.

- 의료, 교육 및 복지 서비스 지원
- 가스, 전기, 수도와 같은 공공시설을 제공하는 국영 서비스 운영
- 스포츠 시설, 박물관, 도서관 및 예술에 대한 자금 지원

일부 세금의 수입은 특정 서비스에 할당된다. 예를 들어, 교통세는 도로나 도시철도 등 교통 시설 확충을 위한 자금으로 사용된다.

이러한 세금을 목적세(earmarked tax)라고 하며, 특정 목적에만 사용할 수 있도록 제한된다.

세금에 반대하는 입장

자유시장경제를 지지하는 사람들은 과세로 인해 사람들이 돈을 어떻게 쓸지 선택할 자유가 줄어든다고 여겨, 과세에 반대하는 경우가 많다. 그들은 과세가 시장을 왜곡한다고 생각한다. 이는 세금이 쓰이는 방식이 정부에 의해 결정되고 개인의 선호도를 반영하지 않을 수 있기 때문이다. 예를 들어, 자녀가 없는 시민은 정부가 어린이 교육에 돈을 쓰는 것을 선택하지 않을 것이다. 그러나 교육이 모두가 납부하는 세금으로 지원되기 때문에 어린이 교육에 돈을 지출하게 되는 셈이다.

가장 극단적인 견해 중 하나는 과세를 강압이나 도둑질로 여긴다는 것인데, 사람들이 세금 납부 여부를 선택할 권리가 전혀 없다는 이유에서다.

세율 정하기

정부는 세금을 정할 때 균형을 잘 맞춰야 한다. 세율은 정부의 지출 계획에 들어갈 충분한 자금을 마련할 수 있는 수준으로 설정되어야 한다. 그러나 너무 높은 세율은 일할 의욕을 꺾는 요인으로 작용해 세금 징수액이 줄어들게 된다.

일부 경제학자들은 세율이 낮게 유지되면 사람들이 소득의 더 많은 부분을 갖게 되어 더 열심히 일하려는 동기가 생긴다고 주장한다. 사람들이 그 돈을 쓰거나 투자하면 경제가 더욱 활기차게 되고, 나중에 세금이 더 많이 걷히는 결과로 이어질 수 있다. 세율이 낮은 수준에 머물더라도 사람들이 더 긴 시간 일하면 더 많은 세금을 내게 되므로 세수가 오히려 늘어나게 된다.

세율이 높아지면 사람들은 '한계 편익(marginal benefit, 추가로 일한 시간이나 일자에 따라 늘어난 소득)'을 거의 얻지 못하므로 일을 덜 하는 쪽을 선택할 수 있고, 그로 인해 세수가 감소할 수 있다. 세금 부담이 너무 크다고 생각하면, 부유한 사람 중 일부는 세율이 낮은 다른 나라로 이주할 수도 있다.

다음의 래퍼 곡선(Laffer curve)은 세율과 세수 사이의 관계가 어떻게 작동하는지 보여 준다. 곡선의 최고점은 세금이 가장 많이 징수될 때의 세율을 나타낸다. 그러나 곡선의 모양은 논란의 여지가 있으며, 시기와 국가에 따라 달라질 수 있다. 대부분의 세금이 50퍼센트 전후의 세율로 징수되는 대칭적인 형태일 수 있고, 그렇지 않은 비대칭적인 형태일 수도 있다. 심지어 최고점이 두 개일 수도 있다.

래퍼 곡선의 개념은 14세기 튀니지의 아랍 사회학자 이븐 할둔(Ibn Khaldun)으로 거슬러 올라가지만, 미국의 경제학자 아서 래퍼(Arthur Laffer)의 이름을 따서 명명되었다.

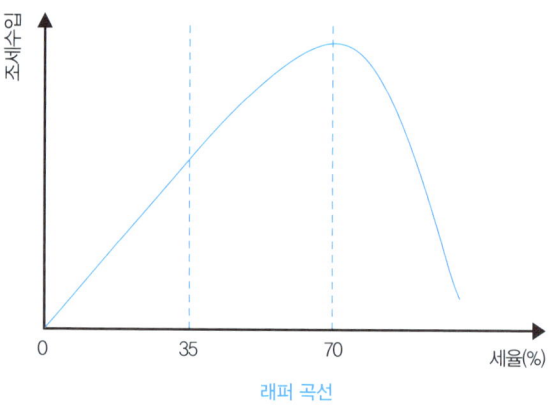

래퍼 곡선

2부

돈으로 움직이는 사회

경제는 어떻게 우리의 삶을 변화시키는가

09
돈을 더 찍어 내면 안 되는 걸까

한 나라 경제에는 일정액의 돈이
유통되고 있다. 하지만 때때로 그것만으로는
충분하지 않다.

한 국가에 돈이 충분하지 않다면 즉, 국제 부채가 많거나 국내 경제가 어려움을 겪고 있다면 중앙은행이 돈을 더 많이 찍어 내면 되지 않을까 하는 의문이 생긴다. 국가가 새로 찍어 낸 돈으로 부채를 갚거나 도로와 주택, 학교 등을 건설하는 데 투자할 수 있을 테니 말이다. 경제는 어떤 면에서는 그런 방식으로 작동하지만, 그렇게 간단하지만은 않다.

돈은 어디에서 생길까

경제가 건실하거나 활기를 띠면 은행 대출을 통해 더 많은 돈이 안정적으로 꾸준히 만들어진다. 이때 추가되는 돈은 새로운 지폐를 찍어 내어 유통시키는 것이 아니라 물리적 실체가 없는 은행 화폐를 창출함으로써 만들어진다. 예를 들어, 당신이 30만 달러를 대출받는다면 은행은 당신 계좌에 30만 달러를 입금해 줄 것이고 당신은 그 액수만큼을 은행에 빚지게 된다. 시간이 지나 당신이 빚을 다 갚았을 때, 대출 목적으로 만들어졌던 그 돈은 다시 사라진다. 그동안 은행은 당신이 낸 대출금 이자로 실제 수익을 얻는다.

보통, 돈은 일정한 속도로 생성된다. 하지만 은행이 돈을 너무 많이 만들 경우, 부채가 너무 많아져 사람들과 기업들이 돈을 갚을 여력이 없게 되면 문제가 발생한다. 은행들은 확신을 잃게 되어 대출(돈을 만드는 일)을 중단하게 되고, 결국 그 시스템은 균형을 잃는다.

> '은행이 대출해 줄 때마다 그와 동시에 차용인의 은행 계좌에 동일한 금액의 예금이 생성되어 새로운 돈이 생겨난다.'
>
> 영국 중앙은행 분기 보고서
> 〈현대 경제에서의 돈 창출 Money Creation in the Modern Economy〉 중에서

양적 완화

새로운 화폐의 창출은 중앙은행의 감독을 받는 상업은행들의 활동을 통해 이루어진다. 국가에 경제적 위기가 닥치면 중앙은행은 양적 완화(quantitative easing, QE)라는 과정을 통해 새로운 자금을 창출할 수 있다. 이것은 '전통적인' 통화 정책으로 간주되기 때문에 예외적인 상황에서만 사용된다.

양적 완화는 실제로 돈을 찍는 게 아니기 때문에, 돈을 발행할 수 있다는 허가가 아닌 전자적으로 돈을 창출할 수 있는 권한이다. 유통되는 돈이 많아질 경우 경제가 더 좋아질 것으로 정부가 판단했을 때 정부는 돈을 일부 창출해 보험사나 연금 기금 같은 투자자로부터 채권을 산다. 이런 식으로 돈은 정규 경제로 흘러 들어간다.

양적 완화는 두 가지 효과가 있다. 첫째, 채권 이자가 줄어든다. 금리가 낮으면 저축할 동기가 줄어들고, 돈을 빌리고 지출하려는 동

> **최초의 1조 파운드**
>
> 영국 중앙은행은 1694년에 설립되었다. 은행들이 대출과 금융 활동으로 1조 파운드를 축적하기까지 300년 이상의 시간이 걸렸다. 하지만 그 이후 2조 파운드가 되기까지는 8년밖에 걸리지 않았다.

기는 커진다. 수요 증가가 생산을 자극함에 따라 차용과 지출은 경제를 활성화시킬 것이다. 둘째, 금융기관들이 더 많은 돈을 갖게 된다. 그들은 남는 돈을, 성장을 추구하는 기업들은 물론, 집이나 자동차를 구입하고 휴가를 가고 싶어 하는 사람들에게도 기꺼이 빌려주고자 할 것이다. 기업들은 더 많은 재화와 서비스를 생산하고, 사람들은 이제 돈이 있기 때문에 그것을 구입한다. 성장한 기업들이 더 많은 사람을 고용하고, 그 고용된 사람들은 다시 지출할 소득을 얻는다. 그렇게 해서 경제 전체가 더 활기차게 된다. 경기 부양책은 경기 후퇴나 침체에서 경제를 벗어나게 하기 위한 것이다.

양적 완화의 효과

양적 완화는 1990년대에 일본 중앙은행이 처음 시도했다. 경제학자들은 양적 완화가 효과가 있는지에 대해 의견이 나뉜다.

  2008년 이후 경제는 위기에서 위기로 치달았다. 미국은 2008년 처음으로 양적 완화를 실시했고, 2020년 3월 코로나19 팬데믹이 시작되면서 네 번째 양적 완화를 추진했다. 그 결과, 2020년 3월부터 2023년 3월까지 연방준비제도이사회 대차대조표는 5조 달러나 증가했다. 영국 중앙은행은 금융 위기 이후인 2009년 양적 완화를 시작했고, 2021년부터는 발행한 채권을 다시 매입하는 '양적 긴축' 정책을 도입했다. 이로써 시중에 유통되는 화폐의 양을 줄이고 금리를 인상함으로써 인플레이션을 낮추는 효과가 있었다.

경제 위기에 대한 정책적 대응은 위기가 지나가기 전까지는 성공과 실패를 가늠하기 어렵다. 경제가 혼란스러운 가운데 상황은 어느 쪽으로든 흘러갈 수 있기 때문이다. 영국 통계청에서 발표한 내용에 따르면 2008년 금융 위기에 대응한 영국 중앙은행의 양적 완화 정책은 어느 정도 긍정적인 효과를 거둔 것으로 나타났다.

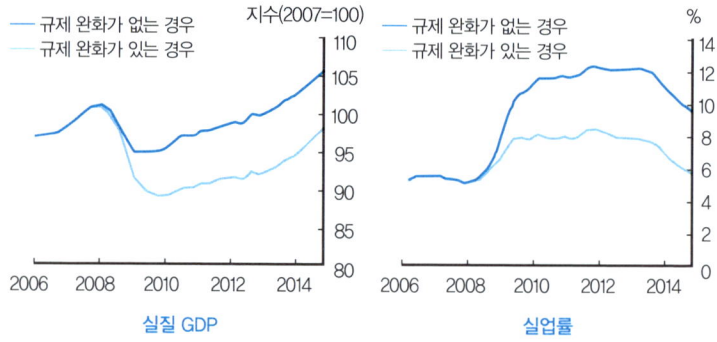

실질 GDP　　　　　　　　　실업률

그렇다면 양적 완화는 사람들에게는 어떤 의미가 있을까? 양적 완화는 먼저 금융 시장을 활성화한다. 주식이나 증권과 같은 금융 상품을 소유한 사람들은 대체로 나이가 많고 부유한 사람인 경우가 많은데, 이들이 먼저 혜택을 받게 된다. 나머지 인구는 '낙수 효과(trickle-down effect)'를 통해 혜택받는데, 이는 부자들이 여유 자산을 경제를 부양하는 방식으로 소비할 때다. 즉, 부자들이 자국에서 생산된 상품이나 서비스에 돈을 쓸 경우에는 도움이 된다. 그러나 해외에 있는 부동산이나 기업, 또는 해외여행에 돈을 쓴다면 도움이 되지 않는다. 또한 세금 회피 수단을 사용해 증가한 재산이 공공 재정으로 돌아가지 않거나 금융 상품에 돈을 묶어 두고 실제 상품이나 서비스에 쓰지 않는다면 낙수 효과는 거의 발생하지 않는다.

낙수 효과 이론

'레이거노믹스(Reaganomics, 미국 대통령 로널드 레이건[Ronald Reagan]의 경제 정책)'의 특징이라 할 수 있는 낙수 효과 이론은 기업과 부자에게 무겁게 과세하지 않으면 그들이 여유 자금을 구매와 사세 확장에 투자해 결국 하위 계층에도 혜택이 가면서 경제가 활성화될 것이라는 주장이다. 이는 기업이 수익의 대부분을 유지할 수 있다면 더 많은 공장을 짓고 더 많은 사람을 고용하고 더 많은 제품을 생산해 더 많은 수익을 창출할 것이라는 논리다. 노동자와 주주들의 늘어난 소득은 경제의 다른 분야를 활성화하는 데 지출될 것이다.

한 가지 문제는 경제에 대한 확신이 없다면 아무도 자신 있게 회사 확장에 투자할 수 없기 때문에 여분의 돈을 쓰지 않고 모아 둘 것이라는 점이다. 많은 경제학자들은 '낙수 효과'가 전혀 효과가 없다고 생각한다.

채권의 반격

또 다른 문제도 기다리고 있다. 머지않아 은행들은 자신들이 사들인 채권을 팔고 싶어 할 것이다. 그 시점에서 신중하게 판단하고 처리하지 않으면 금리가 상승할 수 있고 양적 완화가 촉진한 경제 회복세가 가라앉을 수도 있다.

금리가 낮을 때는 사람들이 돈을 빌려 재화와 서비스를 구매할 것이고, 기업은 돈을 빌려 사세를 확장할 것이다. 이것이 경제 활동을 활발하게 만든다. 금리가 높으면 사람들은 상환 비용이 너무 많이 들기 때문에 돈을 빌리고 싶어 하지 않는다. 사람들은 소비를 줄이고, 기업들은 회사를 확장하거나 직원을 고용하는 데 쓰기 위한 돈을 빌리지 않는다. 그 결과 경제 활동은 활기를 잃게 되고, 경제는 쇠퇴해 원점으로 돌아갈 수 있다.

돈을 그냥 찍어 내면 안 되는 걸까

빈곤을 해결하는 방법은 돈을 더 찍어서 돈이 부족한 사람들에게 나눠 주는 것일 수도 있다. 그런데 왜 그렇게 하지 않는 걸까?

한 나라가 국민이 더 많이 물건을 구입할 수 있도록 더 많은 돈을 찍어 낸다고 가정해 보자. 돈을 찍기 전에 망고 가격은 1달러였다. 그리고 이 나라의 경제 규모는 20억 달러였다. 이 나라가 20억 달러를 추가로 찍어서 그 돈을 경제에 풀었다. 이제 더 많은 사람이 망고를 살 수 있는 경제적 여유가 생겼는데, 망고 생산은 늘지 않았다. 결과적으로 망고 판매자가 망고를 누구에게 팔지 선택할 수 있는 상황이 발생하게 된다. 망고 판매자들은 가격을 올리는 방법으로 판매 대상을 선택한다. 상품을 얻기 위한 경쟁으로 수요가 증가하면 가격이 상승한다. 얼마 지나지 않아 망고 가격은 1달러가 아닌 2달러가 되고, 경제는 예전과 같아진다. 전보다 더 많이 생산하는 게 아니기 때문에 그 나라는 부유해진 게 아니다.

국제 채무를 갚기 위해 돈을 찍어 내는 것은 어떨까? 그것도 효과가 없을 것이다. 국제 통화 가치는 모두 같지 않다. 상대국과 비교한 통화 가치는 항상 변동하며, 이는 각 통화가 실제로 얼마만큼의 가치가 있는지를 나타낸다. 한 나라가 돈을 많이 찍어 내면 그 나라의 통화 가치는 떨어지지만, 부채는 줄어들지 않는다. 부채는 각자의 통화로 축적되거나 계산되지 않는다.

상상 속 국가, 유토피아의 환율이 2유토피아 달러 대 1미국 달러라고 가정해 보자. 그리고 국제통화기금에 50억 미국 달러(즉 100억 유토피아 달러)의 부채가 있고, GDP 규모가 100억 유토피아 달러라고 가정해 보자. 이 유토피아 국가가 100억 유토피아 달러를 더 발행해 부채를 갚기로 결정하게 된다. 그러나 유토피아 통화 공급이 두 배로 늘어남에 따라 유토피아 통화 가치는 절반으로 줄었다. 결국 1달러짜리 망고는 2달러가 되고, 50억 미국 달러였던 국제 부채는 200억 유토피아 달러와 같아진다.

10

제조업 없이
경제가 돌아갈 수 있을까

우리는 탈산업 시대를 살아가고
있다고 종종 얘기한다. 하지만 제조업 없이도
경제가 제대로 돌아갈 수 있을까?

당신 가방에 스마트폰이나 태블릿 PC, 자동차용 전자키가 들어 있다면 당신은 '탈산업화 시대'의 사람처럼 보이지는 않을 것이다. 그러나 경제학자와 사회학자에게 '탈산업'이란 제조업 부문이 다른 비산업 부문에 추월당했다는 것을 의미한다. 오늘날 많은 국가의 경제에서 서비스 부문과 지식 경제가 제조업 부문보다 더 큰 비중을 차지하고 있다.

농업에서 산업으로

오래전, 대부분의 사람들은 농업에 종사했다. 선진국에서도 19세기 후반까지는 인구의 75퍼센트 정도가 농업에 종사했다. 생산 수단은 먼저 인간의 '니즈'를 충족시키기 위해 사용된 다음, 니즈가 충족되고 나서야 '원츠'를 공급하는 데 사용되었다. 20세기까지 농업은 매우 노동 집약적이었다. 오늘날 부유한 국가에서는 인구의 1~3퍼센트만이 농업에 종사하며, 이로써 다른 유형의 생산에 활용될 수 있는 노동력이 확보되었다.

농업은 인구의 대부분이 종사하는데도 국가 GDP의 절반 이상을 차지하지 못했다. 식량은 모든 사람이 감당할 수 있을 만큼 저렴해야 하기 때문에 농업은 경제적 측면에서 그다지 생산적이지 않다. 이제 많은 나라에서 농업은 GDP의 1퍼센트만을 차지한다. 이는 식량을 많이 재배하지 않아서가 아니라, GDP에 기여하는 다른 부문들이 엄청나게 커졌기 때문이다.

농장 노동자의 도시 이주

농기계가 발명되기 전에는 씨앗을 뿌리고 잡초를 뽑고 거름을 주고

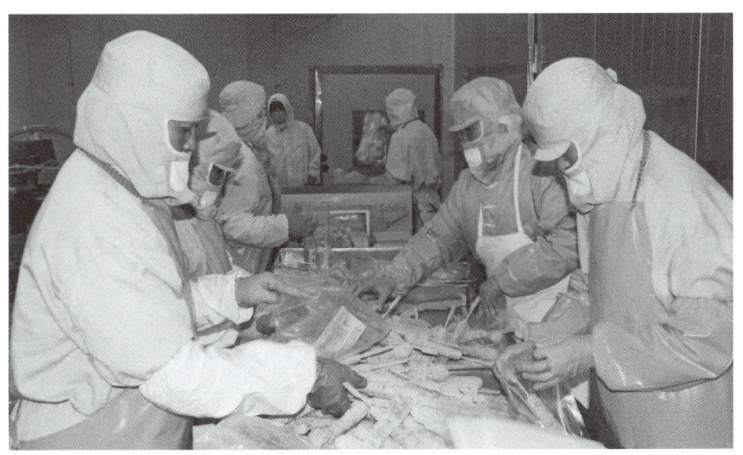
중국 북부 지역에서는 값싼 노동력을 활용한 식품 생산 라인이 활발하게 가동되고 있다.

수확하는 농사일이 고된 노동이었다. 농업이 기계화되면서 사람들은 제조업과 같은 다른 종류의 일을 할 여유가 생겼다. 유럽과 북미에서는 18~19세기의 산업혁명을 거치면서 농업에서 산업으로의 변화가 이루어졌다. 쟁기, 파종기, 괭이 등이 기계화되면서 많은 수작업이 대체되어 농업 노동력의 수요가 감소했다. 불필요해진 농장 노동자들은 도시로 이동해 공장에서 기계를 조작하며 장시간 노동을 하게 되었다.

20세기 중반, 농장 기계화가 다시 한번 폭발적으로 이루어지면서 농업 노동은 더욱 감소했다. 동시에 2차 세계대전이 끝난 후 새로운 재료와 기술을 활용한 제조업이 크게 성장하면서 새로이 부유해지고 낙관적인 사람들을 위한 상품들을 제공하게 되었다. 1950년대와 1960년대에 제조업은 서유럽과 미국에서 전성기를 이루었고, 인구의 약 40퍼센트가 제조업에 종사하게 되었다.

공장의 기계화

기계화 덕분에 사람들이 고된 농장 일에서 벗어났던 것처럼, 이후 공장에서도 자동화 덕분에 사람들이 반복적인 작업에서 벗어나게 되었다. 공장의 자동화는 선진국 생산자들이 훨씬 더 효율적으로, 그리고 더 적은 인력으로도 물건을 만들어 낼 수 있게 해 주었다. 이제 대부분의 부유한 국가에서는 전체 인구의 약 10~20퍼센트만이 제조업 부문에서 일하고 있다. 제조업은 일부 국가에 집중되어 있으며, 특히 중국은 2019년 전 세계 생산량의 28퍼센트를 차지하며 선두를 달리고 있다.

개발도상국에서는 노동력이 여전히 값싼 제조 자원으로 활용되고 있다. 선진국 사람들이 구매하는 상품 중 다수는 노동력이 기계화 비용보다 더 저렴한, 열악한 작업장이나 공장에서 생산된다. 일부 제조 공정은 기계화하기 어렵거나 불가능한데, 이러한 공정 역시 값싼 노동력이 풍부하게 공급되는 지역에서 주로 이루어진다.

제조업과 서비스 산업의 변화

1980년대 초, 제조업은 세계 무역의 57퍼센트를 차지했다. 1998~2000년에는 78퍼센트로 증가했고, 2009~2011년에는 다시 떨어졌지만 여전히 높은 69퍼센트였다. 제조업은 지금껏 중요한 경제 요소로 남아 있지만, 종사하는 사람의 수는 줄어들었다.

대체로 인구의 10~20퍼센트가 제조업에 종사하고 2퍼센트가 농업에 종사하는 선진국에서는 많은 노동 인구가 다른 산업, 즉 관광, 교육, 법률, 의학, 은행, 소매 등과 같은 서비스 산업에서 일한다. 서비스 산업은 새로운 것을 생산하지는 않지만, '가치를 더해 주는' 역할을 한다. 예를 들어, 카페에서 케이크를 멋진 접시에 담아 판매함

1차·2차·3차 산업

1차 산업은 원자재를 취급한다. 땅에서 금속을 파내고, 석유를 시추하는 등의 작업이 1차 산업에 해당한다.

2차 산업은 원자재를 가공해 제품을 만든다. 금속으로 자동차를, 밀로 빵과 케이크를 만드는 작업이 2차 산업에 해당한다.

3차 산업은 물리적인 제품을 생산하는 게 아니라 서비스를 제공한다. 자동차를 이동시키고, 카페에서 케이크를 팔고, 카페를 차릴 수 있게 은행 대출을 제공하는 일 등이 3차 산업에 해당한다.

서비스 산업은 새로운 것을 창조하지는 않지만, 이미 존재하는 것에 가치를 더해 준다.

으로써 경제의 측면을 재구성하게 된다. 지금까지도 많은 서비스 산업이 여전히 인력 집약적이다.

서비스 경제의 현실

선진국들은 다수의 제조 공장을 토지와 노동력이 아주 저렴한 지역으로 옮겼다. 경우에 따라 제품을 전혀 제조하지 않고 제조업체로부터 제품을 구입해 서구 시장에 판매하기도 한다. 일례로, 서유럽이나 미국에서 제조되는 의류나 전자제품은 비교적 적다. 대부분의 제품이 '세계의 공장'이 된 아시아에서 만들어진다. 서양 국가들이 서비스 산업에 의존하는 것은 잘 돌아가고 있을 때는 괜찮은 것처럼 보인다. 심지어 깨끗하고 세련된 분위기마저 풍긴다. 지저분한 공장이 하나도 없고 먼지를 뒤집어쓰고 다닐 일도 없다. 은행업, 부동산, 보험으로 살 수 있으니 말이다.

하지만 진짜 그럴 수 있을까? 2008년의 금융 위기와 2020년에 시작된 팬데믹은 서비스 기반 경제가 얼마나 취약한지를 보여 주었다. 특히 많은 서비스 업종이 파생 상품, 선물, 재보험 상품처럼 현실 세계와 거의 관련이 없는 금융 '상품'을 판매할 때(21장 참조)가 더욱 그렇다. 세계적인 경기 침체는 우리가 식량을 충분히 재배하지 못하거나, 자동차를 충분히 만들지 못하거나, 병원에서 충분한 환자를 돌

> **같은 일, 다른 분야**
>
> 최근에는 많은 사업체들이 핵심 사업이 아닌 직무를 외부 업체에 맡기고 있다. 예를 들어, 의류 공장이 구내식당 운영을 급식 업체에 맡기고, 청소 업무를 청소 업체에 맡기는 경우다. 과거에는 이 의류 공장에서 요리사나 청소부로 고용되었을 때 이들의 직업은 제조업 분야에 속했다. 하지만 급식 업체나 청소 업체에 고용되면 서비스업 종사자로 분류된다. 따라서 그들이 실제로 하는 일은 달라지지 않지만, 고용 통계에는 다르게 반영된다.

보지 못하거나, 충분히 많은 호텔을 운영하지 못해서 발생한 게 결코 아니었다. 이 모든 전통적인 산업은 오랜 세월 해 왔던 일을 지속하고 있었고, 생산성 또한 유지하고 있었다.

팬데믹은 일부 서비스 산업에 큰 타격을 주었다. 사람들은 여행을 가거나 식당, 영화관, 공연장을 이전처럼 이용할 수 없었다. 하지만 그와 동시에 집으로 다양한 상품을 배달하는 서비스 산업은 더욱 확대되었다.

11

우리는 무엇에 기꺼이 돈을 쓰는가

마케팅 전문가들은 소비자들이 상품을
자연스럽게 구매할 만한 가격을 책정하기 위해
다양한 전략을 활용한다.

상품 가격을 정하는 일은 쉬워 보일 수 있다. 하지만 가격을 책정하는 과정에는 심리학과 사회학이 개입된다. 한 가지 중요한 것은 사람들이 올바른 판단을 내렸다고 느끼는지 여부이며, 그들을 압박하는 방식은 효과가 거의 없다.

이번 장은 구매자나 판매자의 관점에서 접근할 수 있다. 구매자 입장이라면 판매자들이 사용하는 몇 가지 트릭에 현명하게 대처할 수 있을 것이고, 판매자 입장이라면 몇 가지 트릭을 활용해 볼 수 있다(적어도 이 글을 읽지 않은 구매자에게는 효과가 있을 것이다).

지불 선택

재화와 서비스에 대해 어느 정도 돈을 지불할 생각이 있는지는 다양한 개인별 기준에 따라 달라지지만, 다음과 같은 여러 기준이 복합적으로 작용한다.

- **인지된 가치**: 제품이 구매자가 중요하게 여기는 기능을 제공하는가?
- **유용성**: 제품이 구매자가 원하는 기능을 얼마나 잘 수행하는가?
- **품질**: 더 비싼 제품이 저렴한 제품보다 품질이 더 좋은가?
- **명성**: 더 비싼 제품을 선택함으로써 사회적 지위가 높아지는가?
- **소속감**: 제품이 특정 사회 집단의 구성원임을 나타내는 증표인가?
- **희소성**: 더 저렴한 제품보다 구하기 어려운가?
- **신뢰·위험**: 소비자들이 더 비싼 제품이 더 신뢰할 만하다고 생각하는가? 혹은 더 저렴한 제품이 기대에 미치지 못할 위험이 크다고 생각하는가?
- **윤리**: 더 비싼 제품(예: 저탄소 제품이나 유기농 제품)이 윤리적으로 더 만족스러운가? 혹은 소비자가 지지하고 싶어 하는 유형의 기업(예: 체인점이 아닌 지역의 독립적인 소매점)에 의해 판매되는가?

할인된 가격에 끌린다

우리는 종종 어떤 제품이 경쟁사 제품보다 싸다는 광고를 본다. 설득력 있는 마케팅 전략으로 보일 수도 있다. 예를 들어, 토마토 캔은 다 비슷한 토마토 캔이니 말이다. 더군다나 판매하는 가게가 다를 뿐 브랜드가 같다면 더욱 그렇다. 하지만 이런 가격 비교는 오히려 사람들의 의심을 살 수 있다. 어떤 소매업체의 한 제품이 다른 제품보다 싸다면, 고객들은 그 제품이 품질이 떨어지는 것은 아닐까 의심할 수 있다. 그러나 소비자들은 어떤 제품이 실제 가치보다 더 저렴하다고 느끼면 구매할 가능성이 높아진다. 특히 특가나 할인 가격

소비자 잉여

소비자가 기꺼이 지불하려고 했던 금액보다 더 적게 지불해서 얻는 가치를 '소비자 잉여(consumer surplus)'라고 한다. 사과와 배 모두 1킬로그램당 3달러라고 가정해 보자. 당신은 사과를 좋아해서 1킬로그램당 4달러도 기꺼이 지불할 의향이 있다. 배의 경우, 당신은 1킬로그램당 3달러 20센트까지만 지불할 의향이 있다.

당신이 배와 사과 1킬로그램을 각각 3달러에 산다면 사과에서는 1달러의 소비자 잉여를 얻지만(당신이 기꺼이 추가로 지불했을 1달러를 아꼈으니까), 배의 경우엔 소비자 잉여가 20센트에 불과하다.

으로 광고되는 제품일 경우 경계심은 줄어든다. MIT와 시카고대학교의 연구에 따르면 정상가가 39달러인 제품보다는 원래 48달러였던 제품을 40달러로 할인한 경우 소비자들이 이를 구매할 가능성이 더 높은 것으로 나타났다.

소비자로서 우리는 어떤 물건의 가치를 판단하려고 할 때 근거로 삼을 만한 게 거의 없다. 판매자가 우리보다 제품에 대해 훨씬 더 많이 알고 있는 터라 정보의 불균형이 존재하게 된다.

정보 불균형과 가치 판단

이베이(eBay) 같은 인터넷 경매 사이트의 매력 중 하나는 사람들이 어떤 물건의 가치를 어떻게 평가하는지 볼 수 있어서 그것을 통해 단서를 얻을 수 있다는 것이다. 대부분의 사람은 자신의 가치 판단 능력을 확신하지 못해 불안감을 느끼는데, 특히 구매자와 판매자 간에 정보의 불균형이 있는 경우에 그렇다. 예를 들어, 중고 자동차를 구매하려는 사람은 자신의 눈앞에 있는 자동차에 대해 판매자보다 훨씬 더 적은 정보를 갖고 있다. 결과적으로 그는 그 자동차에 숨겨진 결함이 있을 수 있다는 두려움에 조심스러울 수밖에 없으며, 자동차에 확신이 있을 때보다 더 적은 돈을 지불할 가능성이 크다.

사람들은 왜 더 많은 비용을 지불할까

어떤 사람들은 물건을 구매할 때 의도적으로 더 많은 돈을 지불하기도 한다. 더 많이 지불하면 더 나은 품질이나 다양한 기능, 더 나은 판매 서비스와 애프터서비스를 보장받을 수 있기 때문이다. 사람들은 유명 브랜드를 더 신뢰해 그 브랜드 제품을 구매하기도 하는데, 이는 구매에 따르는 위험을 줄이는 방법의 하나다. 하지만 품질이나 신뢰와 상관없이 이루어지는 구매도 있다.

5달러짜리 티셔츠는 50달러짜리 티셔츠보다 내구성이 떨어질 가능성이 크지만, 500달러짜리 티셔츠가 50달러짜리 티셔츠보다 품질이 꼭 좋은 것만은 아니다. 500달러 정도면 아주 좋은 시계를 살 수 있지만, 어떤 사람들은 1만 달러가 넘는 시계를 사기도 한다. 시계에 금과 다이아몬드를 덧붙여 장식한다고 해서 시간이 더 정확하게 맞는 것은 아니다.

그렇다면 사람들이 그런 시계를 사는 이유는 무엇일까? 사람들은 미적 디자인을 중요시하고 멋져 보이는 것에 기꺼이 더 많은 돈을 치르려고 하지만, 그렇다고 9500달러를 더 들이는 경우는 흔치 않다. 이 경우, 사람들은 사회적 가치, 즉 그 물건이 다른 사람들에게 자신을 어떻게 보여 주는지를 위해 돈을 지불하는 것이다.

명성과 집단 소속감

비싼 물건은 어떤 사회 집단의 일원임을 보여 주는 증표와 같다. 이 경우에도 신뢰 및 위험과 관련이 있다. 특히 어떤 상품과 그것의 대체 상품들에 대해 잘 알지 못할 때, 그 상품과 동일시되는 집단의 판단을 신뢰하는 경우라면 더욱 그렇다.

집단 소속감은 왜 많은 사람들이 시장에 나와 있는 다른 휴대폰들

> **상황이 모든 것을 결정한다**
>
> 스탠퍼드대학교와 라이스대학교의 연구원들이 이베이에 두 개의 동일한 CD를 시작 입찰가 1.99달러에 올렸다. 하나는 시작가 0.99달러인 경매 항목에 배치되었고, 다른 하나는 시작가가 5.99달러인 항목에 배치되었다. 연구 결과, 더 싼 항목에 배치된 CD보다 더 비싼 항목에 배치된 CD가 더 많은 입찰을 받고 더 높은 가격에 판매되었다. 즉, 소비자들은 다른 제품 가격에 영향을 받아 CD 가치를 평가한 것이다.
>
> 이후 연구원들은 같은 실험을 반복했고, 이번에는 가격에 차이가 있음을 알리는 문구를 덧붙이면서 소비자들에게 가격을 비교해 보라고 제안했다. 그러자 입찰 패턴이 바뀌었다. 사람들은 입찰을 더 오래 주저했고, 옆에 있는 CD 가격은 사람들이 지불하려는 금액에 아무런 영향을 미치지 않았다. 즉, 비교 대상이 자신의 선택이 아닐 때는 의심이 많아졌고, 관심은 줄어든 것이다.

과 비교하지도 않고 특정 브랜드의 휴대폰을 사는지, 그리고 의류 브랜드에서부터 휴가지에 이르기까지 모든 것에 왜 유행이 있는지를 설명해 준다. 다른 가능한 옵션에 대해 알아보지 않았거나, 자신의 취향이나 사회적 지위에 대해 불안해하는 사람이라면 자신이 동일시하는 사람이나 비슷해지고 싶은 사람이 구매한 것과 똑같은 제품을 구매할 것이다. 광고주는 광고의 타깃이 되는 소비자들보다 더 화려하거나 이국적인 환경에서 제품을 사용하는 모델을 보여 줌으로써 이점을 활용한다. 당신이 이 제품을 소유하면 부유하고, 유행의 첨단을 걸으며, 매력적이고, 젊어졌다고 느끼도록 만드는 게 목적이다. 하지만 당신이 제품에 터무니없이 많은 돈을 치렀더라도 당신은 여전히 같은 사람일 것이다.

열망 소비자

누구나 한 번쯤은 거만한 점원에게 무시당한 경험이 있을 것이다. 그럴 때면 우리는 맞대응하거나 그냥 가게를 뜬다. 그러고는 "저 점원은 내가 뭐라도 사길 바라지 않는 거야?"라고 속으로 투덜거리게 된다. 맞다. 그들은 당신이 물건을 사 주기를 그리 바라지 않는다. 그들 눈에 당신이 '어울리는 손님'이 아니라면 그들은 당신의 존재가

> **가격이 만드는 가치**
>
> 경영 심리학자 로버트 치알디니(Robert Cialdini)는 자신의 책에서 터키석 주얼리 판매에 어려움을 겪던 보석상 이야기를 예로 들었다. 그 보석상은 터키석 주얼리가 잘 팔리지 않자 가격을 반값으로 낮추려고 했는데, 직원의 실수로 원래 가격의 두 배로 표시하게 되었다. 사람들은 비싼 터키석 주얼리가 특별한 제품이라고 여기게 되었고, 구매로 이어졌다.

자신들의 브랜드 평판을 떨어뜨릴 것이라고 느낄 것이다.

어떤 사람들은 이런 무례한 대우를 받아도 쉽게 단념하지 않는다. 점원의 반감은 상품의 매력을 더해 주어 그 상품을 더욱 원하게 만든다. 이런 유형의 고객을 '선망 고객(aspirational customer)'이라고 하는데, 그들은 단순히 물건을 사는 것이 아니라, 그 물건을 소유한 사람들과 같은 계층에 속하고 싶은 욕구에서 구매를 결정한다.

네 그룹의 소비자

서던캘리포니아대학교 마셜경영대학원 연구에 따르면 소비자는 명품 브랜드에 대한 태도에 따라 네 그룹으로 나눌 수 있다. 바로 귀족

(patrician), 벼락부자(parvenu), 허식가(poseur), 노동자층(proletarian)이다.

귀족들은 고급 제품을 원하기 때문에 그리고 그 브랜드에 충실하기 때문에 명품을 구매한다. 그들은 일반 사람들에게 상표를 과시하는 데는 관심이 없으며 대체로 다른 귀족들만 알아볼 수 있는 화려하지 않은 디자인을 선택한다. 벼락부자들은 다른 부자들에게 자신이 같은 집단에 속해 있다는 신호를 보내야 하기 때문에 상표를 내보이고 싶어 한다. 그래서 눈에 띄는 로고 패턴이 새겨진 루이비통 가방, 커다란 로고가 붙은 구찌 선글라스, 화려한 붉은 페라리 스포츠카, 특유의 붉은 밑창의 루부탱 구두를 구매한다. 허식가들은 브랜드를 과시하고 싶어 하지만, 경제적으로 그럴 여유가 늘 있는 것은 아니다. 그들은 명품과 흡사하지만 더 저렴한 브랜드나, 귀족이나 벼락부자라면 손대지 않을 수입 모조품을 사려 한다. 노동자층은 이미지에 신경 쓰지 않고 자신이 좋아하고 감당할 수 있는 것을 산다.

명품 브랜드는 소비자들의 사회적 신분을 과시하는 수단이 되기도 한다.

그 결과, 구찌와 루이비통 같은 명품 브랜드는 종종 두 가지 유형의 제품을 만든다. 하나는 벼락부자를 겨냥한 과시용 제품이고, 다른 하나는 귀족을 대상으로 한 더 비싸고 은밀한 디자인의 제품이다. 명품과 아주 흡사한 저렴한 모조품은 주로 벼락부자를 타깃으로 한 디자인을 모방하는데, 허식가들이 따라 하고자 하는 대상이 바로 벼락부자이기 때문이다.

> **화려함을 추구하는 사람들의 놀라운 소비**
>
> 다음 물건들을 누가 살까?
> - 10만 달러짜리 금색 아이폰
> - 금과 다이아몬드가 장식된 5만 달러짜리 블루투스 헤드셋
> - 175달러짜리 금색 스테이플 심 한 묶음
> - 5만 달러짜리 악어가죽 우산
> - 다이아몬드가 박힌 1만 5000달러짜리 콘택트렌즈
>
> 정답은 벼락부자들이다.

12

왜 나는 일자리를 구하지 못할까

실업률은 끊임없이 변하는데,
그 이유는 무엇일까?

전통적인 직장 생활 패턴은 학교를 졸업한 뒤 직장에 들어가 30~40년 동안 일하고 은퇴하는 것이었다. 그러나 이러한 패턴은 더는 일반적이지 않다. 사람들은 여러 차례 실직을 경험하거나, 어린 자녀나 나이 든 가족을 돌보기 위해 노동을 포기하거나, 일찍(혹은 늦게) 은퇴하거나, 재교육을 받거나, 다시 학업에 뛰어든다. 혹은 아예 일하지 않는 경우도 있다.

노동의 필요성

노동은 토지, 자본과 함께 3대 생산 요소를 구성한다. 노동이 없으면 아무것도 생산할 수 없고, 팔 수도 없다. 완전히 자동화된 공장에서 제품을 만든다고 해도 기계를 유지하거나 보수하고, 주문과 원자재 구매 업무를 처리하고, 상품을 판매하는 사람들이 필요할 것이다. 그리고 다른 회사일 테지만, 제품 생산 기계를 제작하는 사람들도 있어야 한다.

노동 시장과 인적 자본

재화와 서비스, 그리고 다른 생산 측면을 위한 시장이 존재하는 것처럼, 노동에도 시장이 존재한다. 노동 시장은 우리에게 친숙한 수요 곡선과 공급 곡선의 패턴을 따른다(3장 참조). 노동에 대한 수요가 있고 노동자가 충분하지 않으면 임금은 상승한다. 사람들에게 맞는 일자리보다 일자리를 찾는 사람이 많으면 임금은 하락한다.

　노동은 인적 자본과 밀접한 관계가 있다. 인적 자본이란 훈련과 교육, 경험을 통해 사람들이 갖추게 된 기술 및 능력을 의미한다.

대체 가능한 일자리와 노동자

어떤 직업들은 특별한 기술이나 개인적 능력이 거의 필요하지 않아서 대부분의 사람이 그 일을 할 수 있다. 예를 들어, 영화 상영 사이에 영화관을 청소하는 일은 정상적으로 움직일 수 있고 시력이 정상인 사람이라면 할 수 있는 일이다. 이는 모든 사람이 그 일을 원하는 것은 아닐지라도 많은 사람이 그 일을 할 수 있다는 것을 의미한다.

기술과 훈련이 필요 없는 일자리도 많다. 만일 훈련을 전혀 받지 않은 사람이 비숙련 일자리를 구한다고 가정해 보자. 임금이 같은 두 일자리가 있는데, 하나는 농장에서 과일을 따는 일이고, 다른 하나는 영화관에서 쓰레기를 치우는 일이다. 그 사람은 영화관에 지원할 수도 있다. 영화 관람의 혜택이 있고, 어쩌면 자신이 해야 할 다른 일(아이 돌보는 일 같은)과 시간이 더 잘 맞기 때문일 수도 있다. 반면, 야외에서 일하는 것을 더 좋아한다면 농장 일을 선택할 수도 있다. 만약 영화관이나 농장이 일할 사람을 구하기 어렵다고 판단하면 임금을 올릴 가능성이 있다. 그렇게 되면 지원자들은 더 높은 급여와 야외 근무 및 영화 관람 혜택 중 어떤 것이 자신에게 더 중요한지를 고려해 선택할 것이다.

노동 시장과 임금

일하려는 노동자가 부족한 시장에서 고용주들이 직원을 유치하기 위해서는 인센티브를 제공해야 한다. 여기에는 더 높은 임금, 더 유연한 근무 시간, 추가 혜택(예: 과일 농장의 경우 과일 무료 제공)이 포함될 수 있다. 어떤 산업이든 노동에 대한 수요는 다음과 같은 요인의 영향을 받는다.

- **다른 생산 요소의 가격:** 자동화 시설 비용이 하락하면 노동자는 기계로 대체될 것이다.
- **효율성 증가:** 작업 방식의 변화로 생산성이 높아지면 노동자가 더 적게 필요하다.
- **재화에 대한 수요:** 수요가 증가하면 공급을 늘리기 위해 노동 수요가 증가한다.

노동 시장도 다른 시장과 마찬가지로 수요와 공급의 규칙을 따른다. 추가 인센티브는 신규 인력을 시장으로 끌어들인다. 임금이 오른다는 것은 사람들이 육아 비용이나 교통비를 감당할 수 있게 되어 일자리를 받아들이거나 나이 든 사람들이 더 많은 돈을 벌기 위해 은퇴를 늦추는 것을 의미한다. 시장에 진입하는 사람이 많아질수록 노동 공급이 증가하면서 높은 노동 수요가 충족된다. 임금은 더 오를 필요가 없다. 임금이 오르면 숙련된 노동자들이 단순 반복적인 일을 하더라도 더 높은 임금을 받는 쪽을 선택하기로 결정할 것이고, 그렇게 되면 노동 인력이 빠르게 증가할 것이기 때문이다.

시장들은 서로 연결되어 있다. 만약 영화관이 청소부에게 지급해야 하는 임금이 너무 높으면 그 비용을 충당하기 위해 영화 입장권 가격을 올려야 할 것이다. 그러면 극장에 가는 사람이 줄어들 것이고, 그에 따라 청소부도 적게 필요해질 것이기 때문에 임금은 다시 내려갈 것이다.

대체 가능성

어떤 제품이 다른 것으로 쉽게 대체될 수 있으면 그 제품은 '대체 가능성(fungibility)'이 높다. 하지만 제품이 고유한 특성을 가지면 대체가 쉽지 않다. 예를 들어, 저지방 우유 한 팩은 다른 저지방 우유 한 팩과 동일하므로, 서로 교환해도 차이가 없다. 그러나 독창적인 예술 작품은 각기 다른 가치와 역사를 고유한 것이므로 대체 가능성이 낮다.

일자리와 노동자의 대체 가능성은 일의 성격에 따라 크게 다르다. 일반적으로 비숙련 일자리는 대체 가능성이 높지만, 숙련 일자리는 대체 가능성이 낮다.

노동 공급과 임금

만약 노동자는 많고 비숙련 일자리는 부족하다면 어떻게 될까? 노동 공급은 다음과 같은 요인의 영향을 받는다.

- **인구 변화:** 출산율이 증가하면 장기적으로 노동 인구가 증가하게 된다. 반대로 출산율이 하락하면 장기적으로 가용 노동자가 줄어들게 된다.
- **이주:** 노동자가 일자리를 찾기 위해 한 지역에서 다른 지역으로 이주한다면 그 지역에 더 많은 노동력이 공급될 것이고 임금이 하락할 가능성이 커진다.
- **세율:** 세율은 노동의 한계 편익에 영향을 미친다. 만약 세율이 조정되어 추가 근무에 대한 대가를 거의 혹은 전혀 얻지 못하게 된다면 사람들은 추가 근무를 원하지 않을 것이다.

노동 공급이 많으면 고용주는 추가 인센티브를 제공할 필요가 없어진다. 낮은 임금을 주고도 일할 사람을 구할 수 있기 때문이다. 임금이 얼마나 낮아질 수 있는지는 그 국가의 상황과 정부의 노동 시장 개입 여부에 따라 달라진다. 일부 국가에서는 법정 최저임금이 있어서 모든 고용주는 최소한 그 금액을 지급해야 한다. 또 일부 국가에는 실직자를 지원하거나 저임금 노동자의 소득을 보충해 주는 복지 제도도 있다. 관대한 복지 지원을 통해 국가 혜택을 많이 받을 수 있다면 사람들은 낮은 임금에는 일하지 않으려 할 수도 있다.

정부가 저임금 노동자에게 보조금을 지급하면 고용주는 국가가 노동자의 소득을 보충해 줄 것을 알기에 저임금을 지급하면서도 큰 문제 없이 넘어갈 수 있다. 만약 규제가 없고 복지도 뒷받침되지 않으면 고용주는 노동자에게 아주 낮은 임금을 지급하고 아주 긴 시간을 일하도록 강요할 수도 있다.

대부분의 선진국은 노동자 착취를 막기 위해 최저임금과 근무 조건을 규정하는 법률을 도입했다. 그러나 일부 기업은 이를 피하고자 해외에 아웃소싱(outsourcing)을 하거나 고용 권리가 없는 프리랜서 또는 '긱 경제(gig economy, 전통적인 고용 형태가 아닌 일시적이고 유연한 일자리를 통해 소득을 얻는 경제 시스템으로, 이 시스템에서는 주로 디지털 플랫폼을 통해 일자리를 찾고 수행한다. 우버택시 기사, 대리운전 기사, 배달 라이더 등이 이에 해당한다)' 노동자를 활용한다.

실업률과 직업 수요

실업률이 높다고 해서 반드시 일자리를 구하기가 어려운 것은 아니다. 경기 침체 중에도 일부 기술은 수요가 많을 수 있다. 많은 국가의 실업률이 높은데도 고용주들은 회사에 필요한 직원을 찾을 수 없다고 불평하기도 한다. 이 경우는 종종 엔지니어나 외과 의사처럼 전문 기술을 가진 인력에 해당한다. 이 직업들은 높은 임금을 받는다. 우선, 일의 난이도가 높고, 일하는 법을 배우는 데 많은 시간과 노력 그리고 돈을 투자했기 때문이다. 그들은 비숙련 노동자들보다 더 많은 돈을 벌어서 자신들의 투자에 대해 보상받기를 원한다. 실업자가 재교육을 받아 엔지니어나 외과 의사가 되는 것은 쉬운 일이 아니므로, 수요가 많다고 해서 공급이 순식간에 늘지는 않는다.

다른 요인들

노동 시장은 돈 외에도 다른 요인들로 복잡해진다. 수의사가 되겠다는 야망을 가진 사람이 회계사 일자리가 더 많다는 이유만으로 회계 교육을 받지는 않을 것이다. 엔지니어가 될 자격을 갖추었지만 음악가가 되기를 바라는 사람은 더 적은 수입을 감수하고도 음악가가 되는 쪽을 선택할 수 있다. 그 사람은 음악 경력을 쌓으려고 애쓰는 동안 생계를 위해 비숙련 직업을 택할 수도 있다. 음악가가 됨으로써 얻는 개인적인 만족감이 돈이나 직업 안정성보다 더 중요하기 때문이다.

또 다른 문제는 특정 국가의 학교 시스템이 고용주들이 요구하는 자격이나 기술을 갖춘 인재를 배출하지 못할 수도 있다는 점이다. 따라서 고용주들은 신입사원을 직접 훈련시켜야 하는데, 이렇게 하면 비용과 시간이 많이 소요된다. 예를 들어, 대학을 졸업했지만 IT 활용 능력이 부족한 사람들이 있을 수 있고, 관리 능력을 갖춘 사람들이 관리직에 생긴 결원보다 더 많은데도 정작 국제무역에 필요한 외국어 실력을 갖춘 사람은 더 적을 수 있다. 중국어나 아랍어를 할 수 있는 사람이 부족할 수 있으며, 이들 언어로 비즈니스 협상을 할 수 있는 영어 사용자는 영어만 할 수 있는 사람보다 인기가 더 높을 것이다.

생활 비용과 노동자 이동의 관계

노동자들은 저렴한 주거지, 자녀를 위한 교육 환경, 안정적인 출퇴근 교통수단 등 추가적인 고려 사항을 갖고 있으며, 이 사항들은 노동 시장에 영향을 미친다. 만일 어떤 지역의 주거 비용이 너무 높으면 숙련 노동자와 비숙련 노동자 모두 그 지역을 떠나게 될 수 있다. 이 경우, 노동력 부족을 피하기 위해서는 임금이 상승하거나 주거비와 교통비가 낮아져야 할 것이다.

이는 전 세계의 많은 도시에서 이미 큰 문제로 대두되었다. 정부는 이 문제에 개입할지를 결정해야 하는데, 노동자들을 그 도시로 다시 데려오기 위해서는 저가 공공주택을 제공하고, 대중교통 보조금을 지급하며, 보육과 의료 서비스 공급을 늘리는 등의 조치가 있어야 한다.

노동 이동성

노동 시장은 잠재적 노동 인구의 이동성에도 영향을 받는다. 이는 지리적 이동성과 직업적 이동성이라는 두 가지 측면이 있다.

지리적 이동성은 일자리를 얻기 위해 기꺼이 이동할 수 있는 걸 의미한다. 이는 소비에트 연방 붕괴 이후 많은 동유럽 노동자들이 서유럽으로 이주한 예에서 나타난 유형이다. 배관공, 전기공, 기타 숙련 노동자들이 서유럽으로 이주했을 때, 그들은 같은 직종에 종사하는 서유럽 노동자들보다 더 긴 시간 동안 더 낮은 임금을 받고도 기꺼이 일하려 했기 때문에 쉽게 일자리를 찾을 수 있었다.

직업적 이동성은 직업을 바꾸려는 사람들의 의지와 능력을 의미한다. 미용사를 하다가 수영 강사로 전환하는 경우를 예로 들 수 있다. 비숙련 및 반숙련 노동 시장에서는 직업을 바꾸는 것이 비교적 쉽다. 숙련된 일자리의 경우, 필요한 기술을 습득하는 데 시간이 더 오래 걸리므로 직업을 바꾸기 어렵고, 시간과 비용도 많이 든다. 이럴 경우, 노동자들은 새로운 직업을 위한 재훈련을 받을 의향이 없거나, 재훈련을 받을 수 있는 여건이 안 될 수도 있다.

정부의 개입

정부의 직접적인 개입과 법률 개정은 노동 시장에 영향을 미칠 수 있다. 정부가 최저임금을 도입하면 단기적으로는 채용이 줄고 실업률이 높아지는 결과가 생기게 된다. 그러나 유럽에서의 사례를 보면, 장기적으로는 최저임금이 노동에 대한 수요를 증가시킬 수 있다. 높은 임금은 고용주와 노동자 모두 일에 더 많은 투자를 하게 되고, 그 결과 생산성이 향상되기 때문이다.

퇴직 연금 같이 고용주에게 더 많은 비용이나 책임을 부과하는 법률은 직원 감축을 초래할 수 있다. 만약 정부가 고졸 취업준비생이나 장애인을 고용한 고용주에게 보조금을 지급한다면 이러한 특정 집단에 속하는 노동자들에게 더 많은 일자리가 생기는 결과로 이어질 수 있다. 이렇듯 정부가 급여와 근무 조건에 대한 규제를 완화하거나 고용에 수반되는 재정적 부담을 줄여 주면 노동에 대한 수요가 증가할 가능성이 높다.

노동 시장은 고용 가능 인구를 늘리는 차별금지법이나 보육료 지원(취업 가능한 부모들이 늘어나게 된다), 훈련 프로그램 활성화, 보조금 지급에도 영향을 받는다. 이민에 대한 통제를 완화하거나 강화하는 조치도 고용주가 채용할 수 있는 외국인 노동자의 수를 늘리거나 줄이기 때문에 노동 시장에 영향을 준다.

13 국가는 무엇을 소유할 수 있을까

정부가 필수적인 공익 시설, 산업 및
기반 시설을 소유하고 있는 국가들이 있는가 하면,
그러한 시설이 민간 소유인 국가들도 있다.

모든 정부는 일부 재화와 서비스가 필수적이라는 점을 인정한다. 여기에는 깨끗한 식수, 전기 및 가스, 국방, 경찰과 사법제도 등이 포함된다. 하지만 이러한 필수적인 재화와 서비스를 제공하는 방식에 대한 견해는 각국 정부마다 다르다. 그것들은 국가 소유여야 할까, 아니면 민간 소유여야 할까? 고정된 가격에 독점으로 운영되어야 할까, 아니면 자유시장 방식에 따라 결정해야 할까?

자유시장경제를 택한 국가 중에서 전기와 가스 같은 공공시설을 국가가 소유하는 경우가 있는가 하면, 민간에 맡기는 경우도 있다.

그러한 결정에는 경제적 이유뿐만 아니라 정치적인 요소가 크게 작용할 때가 많다.

재화의 종류

경제학자들은 공공재와 민간재를 구분한다. 헷갈리겠지만, 이 경우의 '재'는 일반적으로 서비스와 구별되는 '재화'와는 다른 의미다. 여기서의 '재'는 서비스를 포함하며, 누군가에게 이익을 주는 것이라면 무엇이든 해당한다.

민간재는 공급이 한정되어 있으며, 그 재화의 사용에서 사람들이 배제될 수 있는 것들이다. 어떤 물건의 공급이 한정되어 있는 경우, 한 사람이 그것을 사용하면 다른 사람이 사용하지 못하게 된다. 예를 들어, 내가 피자를 사서 먹으면 그것은 영원히 사라져서 아무도 그것을 먹을 수 없다. 이 때문에 피자는 경합성(rivalry)을 갖는 재화가 되고, 사람들은 피자를 소비할 때 경쟁자가 된다.

민간재는 배제성(excludability) 또한 가지는데, 사람들이 그 재화를 사용하지 못하도록 배제할 수 있다는 것을 의미한다. 사람들은 영화표를 사야만 영화를 볼 수 있다. 영화표가 없으면 그들은 배제된다.

공공재는 비경합성(non-rivalrous)과 비배제성(non-excludable)을

가진다. 이는 한 사람이 그것을 사용한다고 해서 다른 사람이 사용하지 못하게 되는 것이 아니며, 사람들이 그 재화를 통해 이득을 얻지 못하게 배제할 수 없다는 얘기다. 그 예로는 가로등, 국방, 불꽃놀이 등이 있다. 한 사람이 가로등을 이용하거나 불꽃놀이를 즐기는 것이 다른 사람의 이용을 막지는 못하며, 국방, 가로등, 불꽃놀이 등의 혜택에서 누구도 배제될 수 없다. 사람들은 배제될 수 없을 뿐만 아니라, 종종 스스로 배제되는 것을 선택할 수도 없다. 많은 공공재가 비거부성(non-refusable)을 가지며, 사람들은 국가 우주 프로그램이나 식수에 첨가된 불소를 개별적으로 거부할 수 없다.

준공공새에는 민간재의 요소가 부분적으로 존재해서 배제성을 띨 수도 있다. 도서관 사용은 배제성을 가질 수 있다. 도서관은 세금 지원을 받고 도서관 카드는 무상으로 발급되지만, 도서관 카드가 없으면 책을 빌릴 수 없다. 하지만 도서관은 비경합적이다. 한 사람이 도서관을 이용하는 것이 다른 사람의 도서관 이용을 막지는 않는다. 일부 재화는 경합성이 가질 수 있어서 준공공재에 해당하기도 한다. 예를 들어, 도로망은 특정 교량이나 도로에 통행료가 부과되면 준공공재가 될 수 있으며, 성수기에 해변이 너무 붐벼서 더 많은 사람이 방문할 수 있는 공간이 남지 않으면 해변도 준공공재가 될 수 있다.

무임승차자

국가가 제공해야 하는 많은 재화가 공공재이거나 준공공재다. 비배제성 재화는 국가에 문제를 안겨 주는데, 이는 해당 재화를 비용을 지불한 사람에게만 제공하고, 지불하지 않은 사람에게는 제공하지 않는 것이 불가능하기 때문이다. 이로 인해 '무임승차자 문제(free-rider problem)'가 발생한다. 즉 서비스의 혜택을 받으면서도 그 비용에는 기여하지 않는 사람들이 생기는 것이다.

가상의 나라, 뉴토피아가 자유시장경제를 원한다고 가정해 보자. 뉴토피아 정부는 국민이 그들의 돈을 어떻게 쓸지 선택해야 한다고 믿는다. 뉴토피아 국민 중에 하수도나 군대, 경찰력, 가로등 비용을 내는 데 기여하고 싶어 하는 사람은 거의 없다. 아마 그들은 정부를 유지하기 위해 돈을 내는 것마저 원치 않을 것이다. 대부분의 국민이 휴가를 보내고, 저녁 외출을 하고, 좋은 차를 소유하는 등 즐기며 살기를 원한다. 돈이 한정된 그들은 군대를 위한 군사 장비 구입과 자신을 위한 신차 구입 중 하나를 선택해야 한다면 대부분이 신차 구입을 선택할 것이다. 그들은 곧 자신들이 대가를 내고 싶지 않은 재화들이 비배제적이라는 사실을 깨닫게 된다. 즉, 돈을 내지 않더라도 공공 서비스의 혜택을 받을 수 있다는 것을 깨닫게 된다.

국가에 무임승차자가 너무 많으면 문제가 생긴다. 공공 서비스 비용을 치를 돈이 없으면 기반시설이 무너지기 시작할 것이고, 경찰력이 부재한 틈을 이용해 범죄자들이 기승을 부릴 것이다. 자유시장이 공공 서비스에 적절히 투자할 것이라는 보장도 없고, 공공 서비스를 적절한 수준으로 유지할 수단을 갖출 것이라는 보장도 없다. 따라서 자유시장 원칙을 지키겠다는 의지가 강한 정부라도 국민이 좋아하든 싫어하든 대가를 치러야 할 것들이 있다는 것을 인식하게 된다. 정부가 국민에게 공공 서비스에 대한 비용을 치르게 하는 방법은 세금을 부과하는 것이다(8장 참조).

수영장과 스포츠센터 같은 준공공 서비스는 건설비와 유지비가 많이 든다. 하지만 민간 스포츠 클럽의 회비가 부담스러운 사람들에게 준공공 서비스는 건강상의 이점이 대단히 크다.

가치재와 비가치재

일부 공공재와 일부 민간재는 가치재(merit goods)로도 분류된다. 가치재는 사회 전체에 유익하다. 여기에는 교육, 의료, 스포츠 시설, 박물관, 도서관, 공영 방송이 포함된다. 가치재를 전적으로 자유시장에 맡긴다면 민간 기업이 그것을 필요로 하는 모든 사람에게 그들이 감당할 수 있는 가격으로 충분한 시설을 제공하리라는 보장이 없다. 그 시설들은 사회 전체에 이익이 되기 때문에 대부분의 정부는 적어도 일부를 무료로 혹은 저렴하게 제공하는 쪽을 선택하게 된다. 이는 교육을 받거나 예방접종을 받은 사람이 단순히 혜택을 보는 것에 그치지 않는다. 더 나은 교육을 받은 사람은 사회 전체에 이익을 주게 되는데, 그들이 대체로 더 생산적인 노동력을 창출하고, 그 결과 경제 성장을 촉진하게 된다. 마찬가지로 국민 대부분이 백신 접종을 받으면 전염병이 퍼질 위험이 줄어들고, 결과적으로 사회 전체가 집단 면역의 혜택을 누리게 된다.

가치재와 반대되는 것이 비가치재(demerit goods)다. 비가치재는 시장에 과도하게 공급되며 사회에 해로운 영향을 주는데, 마약, 술, 담배 등이 대표적이다. 정부는 몇 가지 방법으로 비가치재에 개입할 수 있다. 마약의 경우처럼 금지할 수도 있고, 술이나 담배처럼 세금을 부과해 가격을 올림으로써 소비를 줄일 수도 있다. 그리고 교육이나 캠페인을 통해 이러한 것들을 구입하거나 사용하지 않도록 유도할 수도 있다.

강제 비용 지불

정부가 국민이 개인적으로는 지불하고 싶지 않은 것에 대해 비용을 지불하도록 결정하는 데에는 여러 가지 이유가 있으며, 이를 실행하는 방법도 다양하다. 예를 들어, 정부는 교육비, 자동차 보험료, 건강 보험료, 연금 보험료를 내도록 국민에게 강제하거나 설득을 통해 비용을 부담하도록 한다.

정부는 과세나 법률을 이용해 사람들이 비용을 지불하도록 할 수 있다. 자동차를 운전하는 사람은 자동차 보험에 가입해야 하는 법적 의무가 있는데, 사고로 다른 사람에게 부상을 입히거나 차를 손상시킬 경우에 보상할 수 있도록 하기 위해서다. 또한 연금이나 건강 보험료 내는 것을 법적 의무로 정할 수도 있고, 소득에서 그 비용을 공제할 수도 있다. 정부는 사람들이 연금 보험료를 내도록 설득하기 위해 광고와 공공 캠페인을 이용할 수도 있고, 자녀가 학교에 등록하기 전에 예방접종을 마치도록 하는 법적 요건을 정할 수도 있다.

누가 일을 하는가

지방 자치 단체나 정부 기관이 어떤 공공재와 서비스에 자금을 지원할지 결정하고 나면 제공하는 방식도 결정해야 한다. 정부는 직원을 직접 고용하거나 민간 업체와 계약해 서비스를 제공할 수 있다. 정부가 필요한 모든 직원을 계속 고용하는 것은 경제적이지 않다. 일례로, 지방 정부는 도로를 보수하는 사람들을 따로 고용하지 않는다. 대신에 필요할 때마다 민간 업체에 돈을 지불하고 보수를 맡긴다. 반면, 학교는 일정한 수의 교사가 상시적으로 필요하므로 교사는 일 년 내내 당국에 직접 고용된다.

주요 산업의 민영화

국가가 제공해야 하는 서비스의 수와 유형에 대한 견해는 다양하며, 정부가 바뀌면 국가가 제공하는 서비스도 달라진다. 경제가 자유시장을 지향할수록 필수적인 서비스 기관이 민간 소유로 전환될 가능성이 커진다. 이전에 국가가 소유했던 기관 중 일부는 민간 투자자에게 매각될 수도 있다.

　영국 정부의 경우, 지난 50년 동안 브리티시 가스(British Gas), 브리티시 텔레콤(British Telecom), 우체국(Post Office), 영국국유철도(British Rail) 등 많은 국영 서비스를 매각했다. 민영화를 정당화하기 위해 정부는 민간 부문에서 서비스가 더욱 효율적이고 경쟁적으로 운영될 것이며, 이는 소비자에게 이익이 될 것이라고 주장했다. 그러나 사실 영국의 많은 민영화된 서비스 기관들은 현재 해외의 국영 기업들이 공개 시장에서 주식을 사들여 대부분 소유하고 있다. 이 기업들이 벌어들이는 이익의 상당 부분은 해외 국영 기관이나 주주에게 돌아가기 때문에 영국 소비자의 이익을 위해 재투자되지는 않는다.

우파 성향의 정부는 민영화를 선호하는 경향이 있는 반면에, 좌파 성향의 정부는 더 많은 서비스 기관을 국가 소유나 공공 소유화할 가능성이 높고, 심지어 민간 부문에 매각된 산업을 다시 국영화할 수도 있다. 한 예로, 영국의 철도망 기반 시설(트랙, 역, 신호)은 민간 소유였다가 공적 소유로 전환되었고, 이후 다시 민영화되었다가 또다시 국영화되었다. 민간 소유와 공적 소유 중 어느 쪽이 더 효율적인지는 입증되지 않았다.

많은 경제학자가 자연 독점이 없는 산업에서는 민영화가 타당한 선택지이며, 자유시장 경쟁이 가격을 낮추고 품질을 높게 유지하는 데 기여할 것이라고 생각한다. 통신 서비스가 대표적인 예로, 경쟁 시장에 존재하는 다수의 대체 공급자들이 서비스에 부정적인 영향을 미치지 않으면서 서비스를 제공할 수 있음을 보여 준다. 반면, 상수도 공급은 자연 독점이다. 소비자가 공급 업체를 선택할 기회가 없기 때문에 공급자가 가격을 내리거나 품질을 개선하려는 동기가 생기지 않는다.

민영화의 장점	민영화의 단점
민간 기업이 비용 절감을 통해 수익 극대화를 꾀함에 따라 효율성이 향상된다.	경제적 고려가 우선시되면서 서비스 품질이 낮아질 수 있다.
책임자는 선출된 공직자가 아니므로 장기적인 목표를 추구할 수 있다.	주주들의 희망 사항이 직원이나 사업 자체, 소비자의 요구보다 우선시될 수 있다. 예를 들어, 주주들이 높은 배당금을 희망할 수 있으며, 이는 장기적으로 서비스를 개선하기 위한 새로운 열차나 송유관 구입보다 우선시될 수 있다.
경쟁이 심해지면서 가격이 내려가고 품질이 높아지는 결과로 이어져, 소비자에게 이익이 된다.	수도 회사와 같은 자연 독점 기업의 경우, 경쟁과 국가 규제가 없다는 점이 소비자 착취로 이어질 수 있다. 소비자에게 대안이 없으므로, 가격이 상승하고 서비스 품질이 떨어질 수 있다.
정치적 간섭이 없다. 국영 기관은 정치적 파장 때문에 직원 감축을 꺼릴 수도 있지만, 민간 기업은 그렇지 않다.	서비스가 나뉘어 관리되면서 일부 영역이 제대로 관리되지 않거나 방치될 수 있다.
기관의 주식이 매각되면 국가 자금이 조성된다.	일회성의 현금 조달이므로, 국가는 나중에 그 조직이 벌어들이는 수익에 대해 세금 외에는 이익을 얻지 못하게 된다.

14
인플레이션은 좋은 것일까, 나쁜 것일까

소비자는 물건 가격이 오르는 걸 싫어하지만,
가격이 계속해서 오르지 않는 상태, 즉 가격 침체는
경제에 해로운 결과를 가져온다.

인플레이션(inflation)은 시간이 지남에 따라 물가가 지속해서 상승하는 현상으로, 돈의 구매력을 감소시킨다. 이는 1달러, 1파운드, 1유로가 작년보다 적은 가치를 지니게 된다는 걸 의미한다. 당신에게 1달러가 있고 초콜릿바가 0.99달러라면 초콜릿바 하나를 살 수 있다. 만약 인플레이션으로 초콜릿바 가격이 1.01달러로 오르면 당신은 초콜릿바를 살 수 없게 된다.

장바구니 품목

인플레이션은 하나의 경제 안에서 물가가 시간에 따라 어떻게 변하는지를 보여 주는 지표다. 개별 품목의 가격은 여러 요인의 영향을 받기 때문에, 인플레이션은 가정에서 일반적으로 구매하는 다양한 상품과 서비스 가격을 추적해 측정한다. 이 상품과 서비스를 '장바구니(market basket)'라고 부른다. 장바구니는 일반 사람들이 구매할 가능성이 큰 품목들을 대표한다.

영국에서는 베이컨, 차, 빵, 우유, 휘발유와 같은 필수 소비재가 초기부터 장바구니에 포함되었다. 장바구니 품목은 특정 시점에 사람들의 소비 패턴을 반영해 선정되며, 소비 패턴은 시간이 지나면서 변하기 때문에 특정 상품과 서비스가 추가되거나 제외되기도 한다. 2022년에는 도넛, 사전, 석탄이 장바구니 목록에서 제외되었고, 미트 프리 소시지, 항균 물티슈, 어린이 카시트가 새롭게 추가되었다. 이는 일부 품목의 인기가 줄어들고, 다른 품목의 수요가 높아졌음을 반영한다. 장바구니에는 공과금(예: 전기 요금), 교통비(예: 철도 정기권), 오락비(예: 케이블 TV 구독료, 영화 관람권), 보육 및 요양 시설 비용, 일회성 대형 지출(예: 휴가, 자동차, 냉장고)도 포함된다. 영국의 경우, 1947년 장바구니 개념이 도입되었을 당시 150개 품목이 포함되었으나, 2022년에는 그 수가 730개 이상으로 증가했다.

소비자물가지수

장바구니 품목의 가격 변동을 모니터링하면 물가가 오르고 있는지 떨어지고 있는지 알 수 있다. 이를 소비자물가지수(consumer price index, CPI)라고 한다. 소비자물가지수를 구하는 공식은 다음과 같다.

$$CPI = \frac{비교\ 시점의\ 장바구니\ 품목\ 가격}{기준\ 시점의\ 장바구니\ 품목\ 가격} \times 100$$

어느 해(A연도)의 장바구니 품목 가격이 300달러였고, 다음 해(B연도) 가격은 330달러, 그다음 해(C연도) 가격은 390달러였다고 가정해 보자. A연도를 기준 연도로 해서 B연도와 C연도의 소비자물가지수를 계산하면 다음과 같다.

$$B연도의\ CPI = \frac{330}{300} \times 100 = 110$$

$$C연도의\ CPI = \frac{390}{300} \times 100 = 130$$

소비자물가지수를 구하면 물가상승률도 구할 수 있다. 물가상승률은 두 해 간의 소비자물가지수 변화를 백분율로 나타낸 것으로, 계산하는 방법은 다음과 같다.

$$물가상승률 = \frac{현재\ 기간의\ CPI - 이전\ 기간의\ CPI}{이전\ 기간의\ CPI} \times 100$$

따라서 물가상승률은 다음과 같이 계산할 수 있다.

$$A연도\sim B연도의\ 물가상승률 = \frac{110-100}{100} \times 100 = 10$$

$$B연도\sim C연도의\ 물가상승률 = \frac{130-110}{110} \times 100 = 18.18$$

즉, A연도~B연도의 물가상승률은 10퍼센트, B연도~C연도의 물가상승률은 18.18퍼센트다.

소비자의 선택을 간과한 CPI의 한계

소비자물가지수에도 한계는 있다. 우선, 물가 변화에 따라 구매를 조정하는 소비자의 능력과 자율성을 반영하지 못한다는 점이다. 예를 들어, 사과가 아주 비싸지면 소비자들은 사과를 덜 사고 다른 과일을 더 많이 살 것이다. 아침 식사용 시리얼이 아주 저렴해진다면 시리얼을 더 사고 빵을 덜 살 것이다. 이를 대체 편향(substitution

bias)이라고 하는데, 한 품목을 다른 품목으로 대체함으로써 지출을

> **장바구니로 알 수 있는 삶의 변화**
>
> 장바구니에 포함되거나 빠지는 품목을 보면 일상생활의 변화에 관한 흥미로운 관찰이 가능하다. 영국을 기준으로 소비자물가지수 장바구니 품목의 변화를 살펴보면, 1952년에는 세탁기가 처음 등장했고, 10년 후엔 맹글(mangle, 젖은 빨래의 물기를 짜는 기계 장치)이 제외되었다. 2001년에는 빵 보관함이, 2007년에는 비디오 레코더가 포함되었다. 2005년에는 휴대전화가, 2014년에는 정원용 새 모이통이, 2022년에는 반려동물 목줄이 추가되었다.
>
>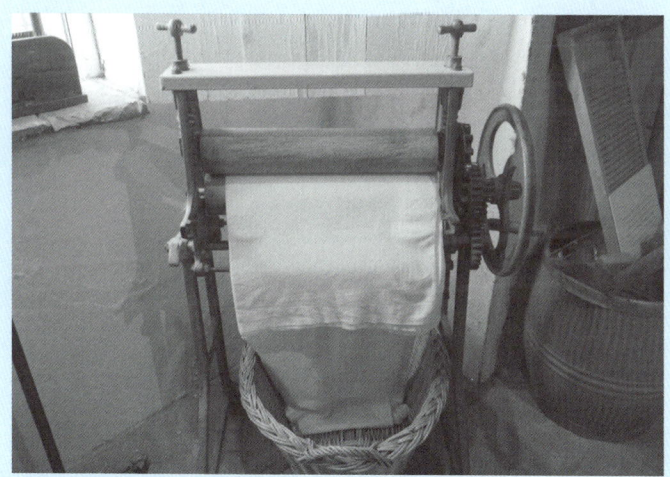
>
> 1962년 맹글이 장바구니에서 제외되었으며, 이는 일상생활에서 더 효율적인 전자제품, 즉 세탁기와 전동 탈수기가 대중화되었다는 것을 보여 준다.

줄이려는 사람들의 행동을 말한다.

또한, 소비자물가지수는 상품과 서비스의 질적 변화도 반영되지 않는다. 기술 변화로 장바구니에 포함된 물품의 품질이 향상되었는데도 가격이 그대로 유지된다면 이는 소비자에게 이익이 된다. 하지만 소비자물가지수는 이러한 점을 반영하지 못한다.

물가는 왜 오를까

경제학자들은 일반적으로 물가 상승의 두 가지 원인에 주목한다. 바로 비용 인상(cost-push)과 수요 견인(demand-pull)이다.

비용 인상 인플레이션은 생산과 관련된 비용(임금, 세금, 수입품 및 원자재 가격)이 상승할 때 발생한다. 제조업체나 서비스 제공자가 이러한 비용 증가에도 수익을 내기 위해서는 제품이나 서비스 가격을 올려야 한다. 즉, 생산 비용이 상승하면 가격이 올라간다.

수요 견인 인플레이션은 공급할 수 있는 양보다 상품과 서비스에 대한 수요가 많을 때 발생한다. 그런 상황이 발생하면 생산자들은 더 높은 가격을 요구하게 된다. 수요 견인 인플레이션은 경제가 성장하고 사람들이 더 많은 돈을 쓰게 되면서 그들의 수요가 공급으로 충족될 수 없을 때 발생한다.

인플레이션의 피해자

사람들이 인플레이션을 싫어하는 이유는 단순하다. 물건 가격이 오르면 같은 액수의 돈으로 살 수 있는 물건의 양이 줄어들기 때문이다. 그러나 일반적으로 임금 역시 인플레이션에 맞춰 상승하므로 인플레이션이 예상치 못하게 발생한 경우나 통제할 수 없는 상태가 아니라면 그 영향은 크지 않다. 인플레이션으로 가장 큰 피해를 보는 사람들은 고정 수입이나 저축한 돈으로 살아가는 사람들이다. 인플레이션이 발생하면 저축한 돈의 가치가 떨어지기 때문에 같은 금액의 저축액으로 살 수 있는 것도 줄어든다.

헴라인 지수

경제학자들은 특정 상품이나 선택과 소비자 신뢰 사이에 상관관계가 있음을 발견했다. 사람들은 자신의 소득이 줄어들지 않을 거라고 확신할 때 작은 사치를 누리려고 한다. 1926년, 미국의 경제학자 조지 테일러(George Taylor)는 여성의 치마 길이를 주가와 비교해 파악한 헴라인 지수(hemline index)를 소개했다. 경기 호황기에는 여성들이 짧은 치마를 입는 경향이 있고, 경기 불황기에는 치마 길이가 길어지는 경향이 있다는 것이다.
이와 비슷하게 짧은 헤어스타일도 경제 호황을 알리는 신호라고 할 수 있는데, 유지하는 데 더 많은 비용이 들기 때문이다.

디플레이션

일반적으로 인플레이션은 경제가 번영하고 있음을 알리는 신호다. 수요 견인 인플레이션은 사람들의 가계 재정이 좋다는 것을 의미한다. 2008년 금융 위기 이후 수년간의 경제 혼란기에는 인플레이션이 낮았고, 심지어 발생하지 않은 적도 있었다.

인플레이션의 반대 개념은 디플레이션(deflation)으로, 물가가 하락하는 현상이다. 디플레이션은 같은 돈으로 더 많은 물건을 살 수 있기 때문에 장점으로 여겨질 수 있다. 그러나 경제학자들과 정치인들은 디플레이션을 달가워하지 않는다. 일반적으로 디플레이션은 돈이나 신용 공급의 감소로 발생하며, 사람들이 많이 소비할 수 없다는 것을 의미한다. 그 결과, 소비를 촉진하기 위해 가격이 내려간다. 디플레이션은 경기 침체나 불황을 불러오거나 그런 상황을 악화시킬 수 있다. 소비가 줄어들고 물가가 하락하면 판매에 따른 수익이 줄어들고, 기업은 직원을 해고하거나 생산을 줄여야 할 수도 있다. 실업률이 높아지면 사람들은 더 적게 소비하게 되어 수요는 더욱 감소한다. 경제는 수요 감소, 물가 하락, 수익 감소, 고용 감소로 이어지고, 다시 수요와 지출의 추가 감소로 이어지는 악순환에 빠지게 된다.

1990년대 초 일본에서 디플레이션이 발생했다. 일본 정부는 소비를 촉진하기 위해 제로금리 정책을 폈지만 즉각적인 효과는 나타나지 않았다. 일본 경제가 회복하기 시작한 것은 2006년이 되어서였다. 유럽과 미국의 경우, 2010년대에 디플레이션 우려와 저물가 상황이 벌어지자 양적 완화(quantitative easing)를 통해 디플레이션을 피하려고 했다. 양적 완화는 경제에 더 많은 돈을 풀어 소비를 촉진하려는 방법이다(9장 참조).

스태그플레이션

스태그플레이션(stagflation)은 '경기 침체'를 뜻하는 스태그네이션(stagnation)과 '물가 상승'을 뜻하는 인플레이션의 합성어. 경제 성상이 거의 이루어지지 않고 실업률이 꾸준히 높은 상태에서 물가 상승까지 더해지면 좋은 경제 환경이 아니다. 높은 실업률과 성장 부진 속에서 소득이 물가 상승을 따라가지 못하면 사람들의 생활 수준은 떨어지게 된다.

1970년대에는 중동의 석유 위기로 연료 가격이 급등하면서 선진국에서 스태그플레이션이 발생했다. 그 결과 석유로 만들어지는 제품 가격이 상승했고, 물류 운송 비용과 난방 및 전기 생산 비용도 상승했다. 경제 성장 없이 물가 상승이 진행되었기 때문에, 임금이 인플레이션 속도를 따라가지 못했고, 사람들은 더 가난해졌다. 1970년대의 스태그플레이션은 중앙은행들이 통화 공급을 과도하게 확대하면서 물가 상승과 임금 인상의 악순환이 심화되었고, 경제 혼란이 지속되었다.

2022년에는 러시아가 우크라이나를 침공하면서 연료 가격 상승과 함께 스태그플레이션의 위기를 불러왔다.

초인플레이션

초인플레이션(hyperinflation)은 물가가 걷잡을 수 없이 급등하며, 경제에 심각한 혼란을 불러올 수 있다.

초인플레이션의 가장 유명한 역사적 사례는 1921년부터 1924년까지 독일의 바이마르 공화국에서 발생한 사건이다. 독일이 1차 세계대전 자금을 빚으로 조달한 여파로, 전쟁이 시작되었을 때 1달러당 4.2마르크였던 독일 마르크의 국제 가치가 1919년 말에는 1달러당 32마르크로 떨어졌다. 1차 세계대전 배상금을 금이나 외화로 지급해야 했던 독일은 무슨 수를 써서라도 외화를 매입해야 했고, 이를 위해 더 많은 마르크를 찍어 냈다. 그 결과, 마르크의 가치는 더욱 떨어졌고, 1921년 말에는 1달러당 330마르크까지 떨어졌다. 1922년, 전쟁 배상 문제를 해결하기 위해 개최된 회담이 실패하면서 마르크는 끝없이 추락했고, 초인플레이션이 발생했다. 1922년 12월, 1달러당 800마르크였던 환율은 11개월 후에는 4조 2000억 마르크에 달했다. 1914년을 기준으로 1이었던 도매 물가지수는 1923년 11월에는 7260억이 되었다. 지폐는 액면가가 1억, 10억, 그리고 조 단위로 인쇄되었고, 액면가가 가장 큰 지폐는 100조 마르크였다. 위기가 최고조에 달했던 1923년 말에는 300곳의 제지 공장과 150곳의 인쇄소에서 2000대의 인쇄기가 밤낮으로 가동되어 지폐를 찍어 냈다.

100조 마르크 지폐는 1923년 독일에서 발생한 초인플레이션의 심각한 상황을 잘 보여 준다.

독일 국민들이 받은 영향은 대재앙에 가까웠다. 초인플레이션이 발생하기 전에 갖고 있던 돈은 휴지 조각이나 다름없었다. 집 한 채 값으로 빵 한 조각도 사지 못할 정도였다. 사람들은 자신의 돈 가치가 빠르게 떨어지고 있다는 것을 깨닫고는 서둘러 소비하기 시작했다. 이로 인해 물가는 더 올라 인플레이션 속도는 더욱 빨라졌다. 우선, 부자들은 자산을 미술품이나 금, 보석, 부동산으로 옮겨 놓았지만, 이후에는 일반 사람들까지 무엇이든 무작정 사들이기 시작했다. 이로 인해 물물교환에 기초한 대안 경제가 성장했다. 물물교환은 실질적인 생존 수단이었는데, 1923년 11월 당시 빵 한 덩어리가 2000억 마르크, 달걀 한 개가 800억 마르크에 달했다. 1914년 가격보다 무려 5000억 배나 오른 가격이었다.

상황이 더 나빠지자, 사람들은 돈을 손수레에 담아 옮겨야 했다. 가치가 없어진 지폐는 벽지 대용으로 사용하거나 아이들에게 공작용 종이로 건네졌다. 장작보다도 더 가치가 없어서, 난로에 장작 대신 지폐를 넣어 태우기도 했다.

노동자들은 하루가 시작할 때 급여를 받았고, 돈이 쓸모없어지기 전에 써야 해서 30분의 시간도 주어졌다. 일부 노동자들은 하루에 세 번 급여를 받았다. 그들은 공장 앞에서 기다리고 있던 가족들에게 곧바로 돈을 건네 즉시 쓰도록 했다. 커피 한 잔 가격은 커피를 마시는 동안 두 배가 되어, 웨이터

지폐 가치가 장작보다 낮아지자 사람들은 난로에 장작 대신 지폐를 넣어 태웠다.

> '오전 11시에 사이렌이 울리면 모두가 공장 앞마당에 모여들었다. 그곳엔 지폐를 가득 실은 5톤 트럭 한 대가 세워져 있었다. 주임 출납원과 그의 조수들은 지폐 더미 위로 올라갔다. 그들은 이름을 부르고, 지폐 뭉치를 무심히 내던졌다. 사람들은 지폐 뭉치를 붙들자마자 가장 가까운 상점으로 달려가 물건을 닥치는 대로 사들였다.'
>
> 빌리 더코우 Willy Derkow, 1923년 한 독일 학생

들이 테이블 위에 서서 30분마다 메뉴 가격을 변경해 발표했다.

이러한 혼란스러운 상황은 1923년 11월에 새로운 통화인 렌텐마르크(Rentenmark)가 도입되면서 마침내 해결되었다. 독일 정부는 금 대신 농업과 사업에 사용되는 토지를 담보로 한 새로운 화폐인 렌텐마르크를 발행했다. 토지는 1913년에 약 32억 마르크 규모로 담보되었으며, 이 금액에 상응하는 32억 렌텐마르크가 발행되었다. 1렌텐마르크의 가치는 1차 세계대전 이전의 마르크 가치인 4.2미국 달러에 해당했다. 새 화폐는 1렌텐마르크 대 1조 마르크의 비율로 교환되었고, 이로써 독일 경제는 안정을 되찾게 되었다.

초인플레이션 사례

짐바브웨의 경우는 독일의 초인플레이션 상황보다 훨씬 심각했다. 1980년에 도입된 짐바브웨 달러는 세 번에 걸쳐 공식적인 화폐 단위 변경을 겪었는데, 결국 4세대 1달러는 1세대 짐바브웨 달러의 10^{25}(1 뒤에 0이 25개 붙음)의 가치를 가지게 되었다. 2009년 4월, 짐바브웨는 자국 통화를 공식적으로 폐기했고, 모든 거래는 외화로 이루어졌다. 사용된 외화로는 미국 달러, 남아프리카공화국 랜드(rand), 영국 파운드, 유로, 중국 위안 등이 포함되었다. 이후 2024년 4월부터는 새로운 화폐인 '짐바브웨 골드(ZiG)'가 다른 법정 통화와 함께 유통되고 있다.

2019년에는 베네수엘라 법정 화폐인 볼리바르(Bolivar)가 이틀마다 가치가 절반으로 떨어지는 상황이 계속되면서, 인플레이션율이 200만 퍼센트가 넘기도 했다.

인플레이션의 균형

초인플레이션이든 너무 낮은 인플레이션이든 모두 불건전한 경제 신호인 만큼, 정부는 적절한 수준의 인플레이션에 해당하는 '골디락스 영역(Goldilocks zone)'을 목표로 삼는다. 이는 일반적으로 2~3퍼센트 정도로 간주된다. 이 수준의 인플레이션은 경제 성장을 일정하게 유지할 수 있도록 해 주며, 물가 상승이 임금 상승을 초과하지 않도록 막아 준다. 그리고 공급자들이 생산량을 계속 확대할 만큼의 충분한 수요가 발생하게 해 경제에 긍정적인 영향을 준다.

15
상위 1퍼센트는 왜 더 부유해질까

불평등은 현대 경제에서
오랫동안 논의되어 온 문제 중 하나다.

우리는 자선 단체에 돈을 기부함으로써 빈곤을 해결하는 데 작은 기여를 할 수 있다. 하지만 불평등 문제를 해결하려면 일부 사람들이 너무 적게 가진 사람들에 비해 너무 많이 갖고 있음을 인정해야 하는데, 대부분의 사람들은 그 문제에 관해 생각하는 걸 불편해한다.

경제학자들은 불평등을 다음과 같은 세 가지 측면에서 분석한다.

- 소득의 차이
- 재산의 차이

- 소비의 차이

벌어지는 격차

1970년대, 미국 인구의 상위 1퍼센트는 전체 국민소득의 약 10퍼센트를 벌어들였다. 2019년에는 그 비율이 22퍼센트 이상으로 증가했다. 영국에서는 상위 1퍼센트가 2019년 국민소득의 약 13퍼센트를 차지했다. 영국의 최상위 0.1퍼센트는 연간 50만 파운드 이상을 벌고, 미국의 최상위 0.1퍼센트는 연간 100만 달러 이상을 벌고 있다. 단지 소득에만 해당하는 게 아니다. 일론 머스크(Elon Musk)나 제프 베조스(Jeff Bezos) 같은 '기술 산업의 억만장자'들은 약 500억~3000억 달러의 재산을 보유하고 있으며, 이 금액은 대부분의 국가들의 국내총생산을 초과하는 수준이다. 전 세계에서 GDP가 1500억 달러를 넘는 국가는 60여 개국에 불과하다.

세계에서 가장 부유한 10명은 2020년부터 2022년까지 그들의 수입을 두 배로 늘렸다. 그러나 같은 기간, 팬데믹으로 인해 전 세계의 수많은 사람들이 빈곤에 빠졌다. 국제 구호개발기구 옥스팜에 따르면, 2021~2022년에 부유한 상위 1퍼센트는 전 세계 나머지 99퍼센트가 모은 재산의 두 배에 달하는 부를 축적했다.

> **역사 속 최고 부자**
>
> 역사상 가장 부유했던 사람은 말리의 통치자 만사 무사(Mansa Musa, 1280~1337)일 것이다. 그는 메카로 가는 길에 들른 이집트에서 엄청난 돈을 쓰는 바람에 이집트 화폐 가치가 폭락했을 정도였다.
>
> 2022년에는 일론 머스크가 가장 부유한 사람으로 선정되었으며, 2021년 말에 그의 재산은 3380억 달러로 최고치를 기록했다. 하지만 그의 재산은 변동성이 매우 크다. 2022년, 그는 사업 손실로 역사상 처음으로 2000억 달러의 재산을 잃은 인물이 되기도 했다.

소득 불균형

2007년, 미국인들은 이미 미국이 '가진 자'와 '가지지 못한 자'로 나뉘었다고 인식하고 있었다. 2014년의 한 조사에서는 미국 시민들에게 기업 최고경영자와 직원의 급여 차이를 어떻게 생각하는지, 그리고 그 비율이 어느 정도여야 한다고 생각하는지 물었다. 응답자들은 평균적으로 최고경영자와 직원의 급여 비율이 30 대 1 정도일 거라고 생각했으며, 8 대 1 정도가 적정한 비율이라고 답했다. 하지만 평균적으로 CEO의 연봉은 약 1200만 달러, 직원의 평균 연봉은 약 3만 4000달러였다. 1960년대에는 일반적인 미국 CEO의 수입이 직원 수입의 약 20배였는데, 2014년에는 340배로 증가한 것이다. 이후

2020년에는 604 대 1로 급증했고, 1년 뒤인 2021년에는 670 대 1로 더 벌어졌다.

다른 나라의 상황은 이 정도로 심각하지는 않지만, 결코 건강한 상태라고 할 수 없다.

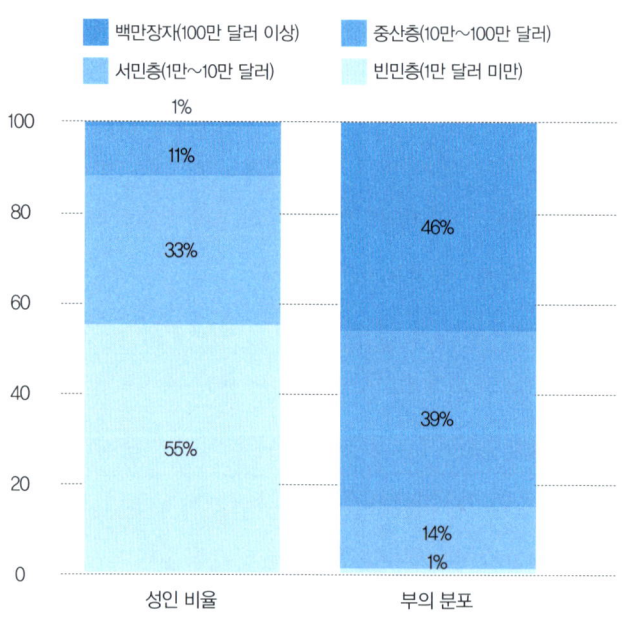

전 세계 부의 분포(2020년)

불평등을 그리다

로렌츠 곡선(Lorenz curve)은 누적 인구 비율과 누적 소득 비율을 비교해 나타낸다. 그래프의 왼쪽에서는 소수의 인구가 소득의 아주 작은 일부를 차지하고, 그래프의 오른쪽에서는 전체 인구가 모든 소득을 차지하는 방식으로 표시된다. 예를 들어, 하위 10퍼센트나 상위 20퍼센트가 차지하는 비율을 보면 그 사회의 불평등 정도를 쉽게 알 수 있다.

다음 그래프에 따르면, 2017년 남아프리카공화국은 매우 불평등한 사회였다. 하위 20퍼센트의 가구가 국가 전체 소득의 5퍼센트도

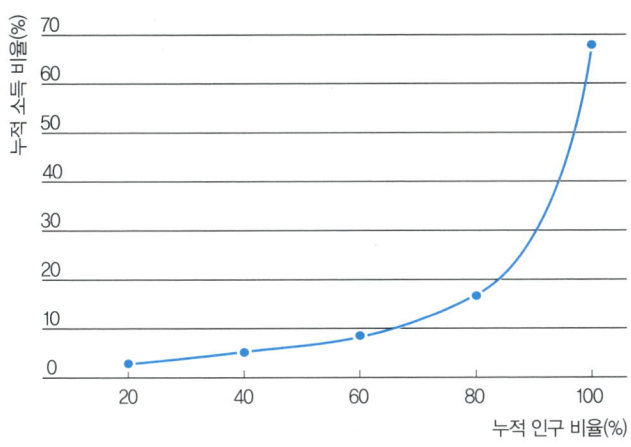

남아프리카공화국의 로렌츠 곡선(2017년)

못 번 반면에, 상위 20퍼센트의 가구는 전체 소득의 70퍼센트 정도를 차지했다.

지니 계수

다음 그래프에서 완전 평등선과 로렌츠 곡선의 간격은 한 사회의 불평등 정도를 나타낸다. 인구와 소득이 0인 점에서 시작해 100인 점까지 이어진 직선은 모든 사람이 동일한 소득을 얻는 완전 평등선이

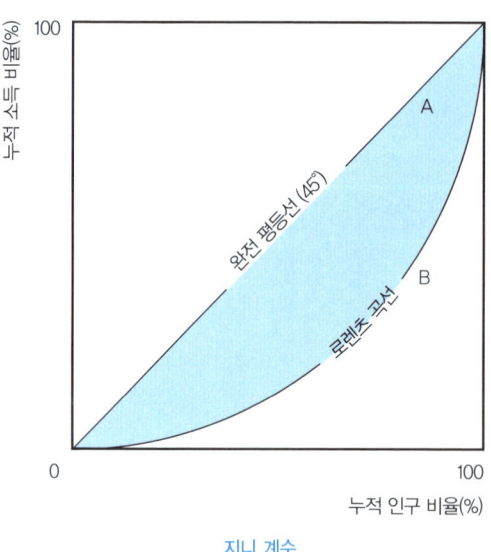

지니 계수

다. 이 직선에서는 인구의 20퍼센트가 소득의 20퍼센트를 벌고 국민의 50퍼센트가 소득의 50퍼센트를 번다. 즉, 인구의 1퍼센트가 전체 소득의 1퍼센트를 번다.

로렌츠 곡선 아래의 면적과 완전 평등선 아래의 면적을 비교해 보면 불평등 정도를 측정하는 지표인 지니 계수(Gini coefficient)를 얻을 수 있다. 이 지표는 1912년에 이탈리아의 경제학자 코라도 지니(Corrado Gini)에 의해 개발되었다. 지니 계수는 0에서 1 사이의 숫자로 표현되며, 로렌츠 곡선과 완전 평등선 간의 차이를 보여 준다. 지니 계수는 다음 공식으로 계산할 수 있다.

$$G(지니 계수) = \frac{A}{A+B}$$

여기에서 A는 완전 평등선과 로렌츠 곡선 사이의 면적이고, A+B는 전체 삼각형의 면적이다.

지니 계수가 0이면 모든 사람이 동일한 소득이나 재산을 가지는 평등한 경제를

> '미국에는 가난한 사람이 없다. 우리 인구의 대부분은 노동자다. 노동하지 않고 살 수 있는 부자들은 소수에 불과하며, 그들의 재산은 적당한 정도다. 대부분의 노동자들은 재산을 소유하고, 자신의 땅을 경작하며, 가족이 있고, 그들의 노동력에 대한 수요 덕분에 부유하고 능력 있는 사람들로부터 합당한 대가를 받아 풍족하게 먹고, 품위 있는 옷을 입으며, 적당히 노동하면서 가족을 부양할 수 있다. …… 사회의 어떤 조건이 이보다 더 바람직할 수 있을까?'
>
> 토머스 제퍼슨 Thomas Jefferson

의미한다. 지니 계수가 1이면 한 사람이 모든 소득이나 재산을 독점하는 절대적 불평등 상태를 의미한다.

지니 계수로 본 세계의 불평등

지니 계수를 불평등의 척도로 삼으면, 세계에서 가장 불평등한 나라는 남아프리카공화국으로, 2023년(세계은행 자료) 기준으로 지니 계수가 0.63이었다. 같은 시기에 슬로베니아의 지니 계수는 0.26으로 가장 낮았다. 주요 경제 국가들의 지니계수는 0.3~0.5로, 미국은 0.4, 영국은 0.35였다.

지니 계수는 세금과 복지 혜택을 반영하기 전과 반영한 후가 달라진다. 세금이나 복지 혜택은 사회를 더욱 평등하게 만들기 위해 설계되므로, 이를 반영한 후의 지니 계

판자촌은 극심한 소득 불평등과 빈곤의 현실을 단적으로 보여 준다.

수는 대체로 더 낮아진다. 예를 들어, 프랑스의 지니 계수는 0.485에서 세금과 복지를 반영하면 0.293으로 낮아지며, 영국은 0.456에서 0.345로 낮아지는데, 이는 영국의 조세 제도가 프랑스보다 평등을 이루는 데 덜 효과적이라는 것을 보여 준다. 미국의 지니 계수는 프랑스와 거의 비슷한 0.486이지만, 세금과 복지 혜택을 반영한 후에도 0.380에 그쳐 불평등이 크게 줄어들지는 않았다.

어떻게 여기까지 왔을까

불평등은 아주 빠르게 심각해졌다. 경제학자들은 그 이유로 세계화와 기술 발전, 신자유주의 정치 등을 들고 있다.

기술과 교통이 발달하면서 세계화라는 현상이 등장했다. 이제 기업들은 자국 시장에만 국한하지 않고 전 세계에 손쉽게 상품을 판매할 수 있다. 소비할 여유가 있는 약 30억 명의 중산층으로 이루어진 세계 시장이 생긴 것이다. 대량 생산에서 발생하는 '규모의 경제' 덕분에, 제조업체들의 품목당 생산 비용은 낮아졌다. 그들은 원자재 공급지 근처나 노동력이 싼 나라에 공장을 지어 상품을 더 싸게 생산할 수도 있다. 이렇게 늘어난 이익은 주주들에게 돌아가 그들은 더 부유해진다.

> ### 규모의 경제
>
> 보통 적은 수보다 많은 수의 물건을 생산하는 것이 비용 면에서 더 효율적이다. 생산 비용에는 생산량과 관계없이 반드시 지불해야 하는 설치 비용(예를 들어, 기계 구입 및 설치)과 대량으로 구매하면 대체로 더 저렴해지는 자재(원자재 등) 가격이 포함된다. 이러한 '고정 비용(fixed cost)'은 생산량이 늘어날수록 제품 하나당 들어가는 비용이 줄어든다. 이러한 현상을 '규모의 경제(economies of scale)'라고 한다.

또한, 기술 발전은 더 적은 인력으로 더 많은 상품을 생산할 수 있게 해 준다. 생산 수단의 균형이 노동에서 자본으로 이동한다. 노동에 지출되는 비용이 줄어들고 기술 구매에 지출되는 비용이 많아지면서, 더 많은 돈이 대기업에 흘러가고, 개인 노동자에게 돌아가는 돈은 더 줄어든다. 즉, 돈이 기업주에게 집중된다.

신자유주의 정치는 시장을 우선시하기 때문에 노동자보다 기업주에게 더 유리하다. 불평등의 원인이 되는 최근 정책들은 다음과 같다.

- **규제 완화:** 기업이 할 수 있는 일에 대한 제약을 줄여 노동자나 환경, 대중의 이익보다는 이윤 추구를 위해 할 수 있는 더 많은 자유를 준다.
- **민영화:** 이전에 국가 소유였던 산업과 자원을 민간에 넘겨줌으로써, 그 이익

이 전체 국민에게 돌아가기보다는 주주들에게 돌아가게 된다.
- **감세:** 산업에 대한 투자와 기업가 정신을 장려하기 위한 정책으로, 고소득자는 더 많은 소득을 유지하게 되고, 세수 감소로 공공재에 대한 지출은 줄어든다.
- **노동조합 보호 축소:** 노동자들이 임금 인상이나 근로 조건 개선 등의 요구를 위한 집단행동을 할 수 없게 되면 시장은 더욱 자유로워진다.

결국, 이런 정책 변화로 소득 격차는 더욱 심화되었고, 사회는 불평등을 당연한 것으로 받아들이는 문화적 변화를 겪게 되었다. 빈부 격차가 커지면서 이 역시 자연스러운 현상으로 자리 잡고 있다.

불평등과 자본주의

아주 부유한 사람들은 자신들이 부를 창출하기 때문에 거기서 발생하는 이익 대부분을 차지할 자격이 있다는 말로 자신들의 상황을 변호한다. 어떤 이들은 부의 창출 자체가 사회에 이익을 안기고 기부(많은 미국 부자들의 전통으로 이어져 온 자선 기부 활동)를 통해 가난한 사람들을 돕기 때문에 세금을 낼 의무가 없다고도 말한다.

도덕성과 권리는 분명 논의할 가치가 있지만, 더욱 객관적인 사실은 높은 수준의 불평등은 사회를 불안정하게 하고 장기적으로 지속될 수 없다는 점이다. 많은 경제적 논거에 따르면 자본주의는 통제되지 않는 불평등을 허용할 경우 그 기반이 약해질 위험이 있다.

불평등의 끝

통제되지 않은 불평등이 재앙을 불러올 수 있다는 생각은 과거에도 있었다. 19세기, 영국의 정치경제학자 데이비드 리카도(David Ricardo)와 정치철학자 칼 마르크스는 소수의 엘리트 집단이 모든 생산물에서 점점 더 많은 몫을 차지하게 될 것이라고 주장했다. 리카도의 경우 엘리트는 토지 소유자였고, 마르크스에게는 공장주, 즉 산업 자본가였다.

리카도는 인구가 증가함에 따라 토지가 점점 희소해지고 가치가 높아질 것이라고 보았다. 토지 소유자들이 토지 사용에 대해 더 높은 임대료를 요구하게 될 것이며,

> '따라서 현대 산업의 발전은 부르주아 계급이 상품을 생산하고 소유하는 바로 그 기반을 뒤흔든다. 무엇보다도 부르주아 계급이 생산하는 것은 자신들의 무덤을 파는 사람들이다. 부르주아 계급의 몰락과 무산 계급의 승리는 모두 불가피하다.'
>
> 칼 마르크스, 《공산당 선언 Communist Manifesto》 중에서

결국 더 많은 부가 토지 소유자들의 주머니로 흘러 들어갈 것이라고 주장했다.

마르크스는 상황을 조금 다르게 보았다. 19세기 중반 당시에는 도시 빈민들의 끔찍한 상황이 곳곳에서 명백히 드러나 있었다. 토지는 더는 관심의 초점이 아니었다. 대신 마르크스는 공장주들이 끝없이 부를 축적하는 반면, 아동 노동자와 노년층 노동자들이 위험한 환경에서 장시간 일하면서도 극심한 빈곤 속에서 생활하는 등 끔찍하게 착취당하는 현실을 보았다. 그는 공장주의 끝없는 자본 축적이 지속되다가, 결국 프롤레타리아(일반 대중)의 절박함이 극에 달해 반란으로 이어져 끝나게 될 것이라고 보았다.

순리에 맡겨라

리카도와 마르크스의 종말론적 관점과 반대되는 견해는 시장이 시간의 흐름에 따라 저절로 해결될 것이라는 의견이었다. 균형의 원리에 따라 시장이 균형 수준을 찾을 기회를 얻으면 균형이 이루어진다는 것이다. 애덤 스미스의 '보이지 않는 손'이 시장을 이끌면, 이 시나리오에서는 결국 모든 것이 긍정적인 결과로 이어질 것이라는 이론이다.

그러나 이 이론에는 몇 가지 문제가 있는데, 그중 하나는 이 방식이 비인도적일 수 있다는 점이다. 시장이 균형 수준을 찾는 데 50년이 걸린다면, 그동안 수백만 명의 사람들이 비참하고 극심한 빈곤의 삶을 견뎌야 한다. 또한, 이것은 검증되지 않은 이론일 뿐이다. 온 세상 사람들의 복지를 걸고 그 이론이 옳을지 시험하는 것은 도박과도 같다.

> '우리가 알던 기회의 평등은 더 이상 존재하지 않는다. 우리는 이미 경제적 과두 정치에 도달했거나, 그곳을 향해 꾸준히 나아가고 있다.'
>
> 프랭클린 D. 루스벨트Franklin D. Roosevelt 《루킹 포워드Looking Forward》 중에서

패턴 파악하기

경제학은 엄격하게 수집해 처리한 자료, 즉 통계에 기초한다. 그러나 그 정보가 비교적 짧은 기간의 자료일 수 있다. 미국은 1913년이 돼서야 소득세를 도입했기 때문에 그 이전 사람들의 소득 수준을 보여 주는 세금 신고서는 존재하지 않는다.

1955년, 미국의 경제학자 사이먼 쿠즈네츠(Simon Kuznets)가 작성한 그래프는 불평등 지수를 나타내는 종 모양의 곡선을 보이며 사람

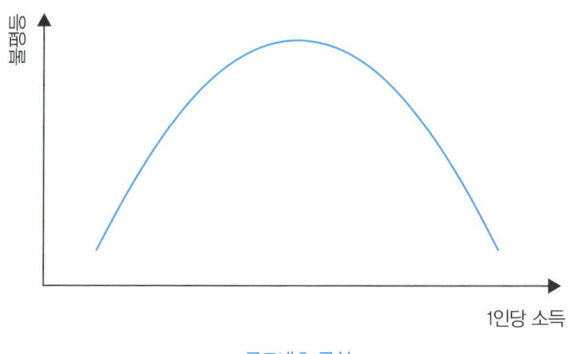

쿠즈네츠 곡선

들을 안심시켰다. 이 그래프에서 불평등 지수는 1910년대에 비교적 낮은 수준에서 시작한 뒤 1920년대에 가장 높은 지점까지 올랐다가 1950년대에 다시 감소했다. 이를 근거로 쿠즈네츠는 성장하는 경제는 이러한 극심한 불평등 단계를 거친 뒤 지속 가능한 수준의 평등에 안착할 것이라고 주장했다.

불평등이 (낮은 수준으로 끝나는) 종 모양을 따르는지, 아니면 (높은 수준으로 끝나는) U자 모양을 따르는지는 곡선의 어느 부분을 보느냐에 따라 달라진다. 물론 우리는 그 곡선이 앞으로 어떤 방향으로 갈지 모른다. 프랑스 경제학자 토마 피케티(Thomas Piketty)는 쿠즈네츠의 모델이 완전히 잘못되었으며, 두 차례의 세계대전과 그 사이에 발생한 경제 불황에 의해 왜곡되었다고 주장했다(다음 그래프 참조).

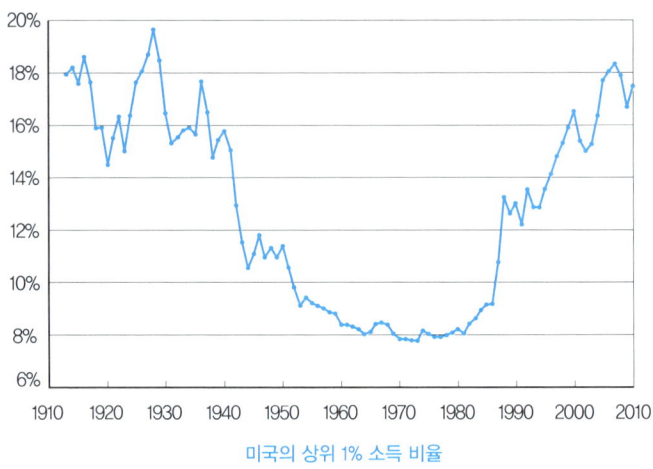
미국의 상위 1% 소득 비율

부유한 자는 더 부유해진다

일부 경제학자들은 부자들이 더 많은 부를 축적하고 가난한 사람들은 더 가난해지는 추세가 지속될 것이라고 주장한다.

캐나다 경제학자 마일스 코락(Miles Corak)은 소득 불평등이 심해질수록 사회적 이동성이 낮아진다는 사실을 발견했다. 2011년부터 2013년까지 미국 백악관 경제자문위원회 위원장을 지낸 앨런 B. 크루거(Allen B. Krueger)는 이 현상을 F. 스콧 피츠제럴드(F. Scott Fitzgerald)의 소설 《위대한 개츠비(The Great Gatsby)》(1925)에서 따와 '위대한 개츠비 곡선(Great Gatsby Curve)'이라 불렀다.

2008년, 7000억 달러의 현금이 투입되면서 미국 월가(뉴욕 증권거래소)는 경제 위기로 인한 최악의 영향에서 벗어날 수 있었다. 경제학자 이매뉴얼 사에즈(Emmanuel Saez)와 토마 피케티는 2009년부터 2010년 사이의 회복기에 발생한 소득 증가분 중 93퍼센트가 상위 1퍼센트의 납세자에게로 돌아갔고, 그중 37퍼센트는 상위 0.01퍼센트 납세자에게 돌아갔다고 분석했다. 즉, 부유한 가구당 평균 420만 달러의 이익을 얻게 된 것이다.

> '우리 경제 전체가 무너지는 것은 아주 부유한 사람들과 그렇지 않은 사람들 사이에 지나치게 큰 격차가 생길 때다.'
>
> 버락 오바마 Barack Obama, 2012년 AP Associated Press 연례 회의에서

패거리 자본주의

기업인과 정치인 사이의 긴밀한 관계가 친기업적 정책을 선호하는 입법으로 이어질 때 흔히 이것을 '패거리 자본주의(crony capitalism)'라고 한다. 기업을 위한 세금 감면, 민간 기업을 상대로 한 국가 재산 매각, 기업에 대한 정부 보조금 지급 등이 패거리 자본주의의 특징이며, 이러한 정책들은 독립적이고 객관적인 정치적 경제적 논의 과정을 통해 도출되기보다는 로비나 개인적인 관계를 통해 이루어진다.

16

농사짓지 않는 농부에게 왜 돈을 줄까

논밭 일부를 비워 두는 농민에게
'휴경 보조금'을 지급하는 정책은 왜 존재할까?
이 정책을 뒷받침하는 논리는 무엇일까?

유럽연합(EU)은 회원국 내 상인들을 보호하기 위한 다양한 규제와 정책을 펼치고 있는데, 그중 가장 이상해 보이는 정책이 있다. 바로 농부들에게 농사를 짓지 말라고 하면서 돈을 주는 정책이다. 농작물을 재배하지 않거나 가축을 기르지 않아야 보조금을 주는 이 정책은 언뜻 보면 비효율적이고 모순적으로 느껴진다. 그런데도 유럽연합은 왜 이런 정책을 시행하는 걸까?

보호주의적 공동농업정책

공동농업정책(Common Agricultural Policy, CAP)은 1958년에 유럽경제공동체(European Economic Community, EEC) 국가들의 농업 효율성 향상을 위해 도입되었다. 이 정책은 농민에게 그들이 재배한 농산물에 대해 공정한 가격을 보장하는 동시에 더 높은 품질의 농산물을 더 많이 생산함으로써 소비자에게도 이익을 주기 위한 것이었다. 공동농업정책에는 다음과 같은 다섯 가지 목표가 있다.

- 농업 생산성 증대
- 농민들의 공정한 생활 수준 보장
- 농산물 시장 안정
- 식량 공급 보장
- 소비자를 위한 적정 가격 보장

공동농업정책은 농민이 얼마나 많이 생산하든 그들의 농작물에 대해 최소한의 가격을 보장해 주었다. 농민들은 공개 시장(최저 가격보다 더 높은 가격을 받을 수도 있는 곳)이나 유럽경제공동체에 판매할 수 있었다. 유럽경제공동체가 보장된 가격으로 농산물을 얼마든지 사들이겠다고 약속했기 때문에 농민들은 공개 시장의 거래 여건이 좋

유럽연합의 농업 보조금과 최소 가격 보장 정책은 농산물의 과잉 생산이라는 결과를 불러오면서 유럽 농업 시장의 구조적 문제를 드러냈다.

지 않아도 걱정할 필요가 없었고, 유럽경제공동체가 정한 가격을 기준으로 예산을 계획할 수 있었다.

 이론상으로, 어느 해에 농산물이 과잉 생산되었다면 유럽경제공동체가 농산물을 사들여 저장해 두었다가 공급 부족이 발생하면 이 농산물을 판매함으로써 높아진 가격으로부터 소비자들을 보호하는 방식이었다. 하지만 보장된 가격으로 인해 농민들이 농산물을 과잉 생산하는 문제가 발생하게 되었다.

과잉 생산된 우유와 버터

과잉 생산은 팔리지 않은 우유와 버터가 '호수'와 '산'처럼 쌓이는 결과로 이어졌다. 유럽경제공동체는 합의된 가격으로 초과 생산량을 사들일 수밖에 없었고, 처분하기 힘든 식량을 떠안은 상태가 되었다. 선택할 수 있는 방법은 거의 없었고, 식량은 다음과 같이 처리해야 했다.

- 버리거나 폐기
- 가축 사료로 사용하기
- 유럽경제공동체 밖의 국가에 기부하거나 저렴하게 판매하기

식량을 폐기하는 것은 굶주리는 사람들이 있는 상황에서 비난받기 쉽다. 그래서 식량의 상당 부분이 소련과 개발도상국들에 아주 저렴한 가격에 판매되었고, 일부 재고분은 유럽경제공동체 내 농민들에게 가축용 사료로 다시 판매되었다.

이러한 조치들은 유럽경제공동체 소비자들의 불만을 불러일으켰다. 소비자들은 유럽경제공동체에 내는 세금을 통해 이미 보조금이 지급된 농산물을 구입하는 데 높은 가격을 치르고 있었기 때문이었다.

이 정책은 농산물을 저렴하게 구입하거나 무료로 받은 나라에서도 문제를 일으켰다. 가격 경쟁에서 밀려난 현지 농민들은 자신이 생산한 농산물을 판매하기가 훨씬 어려워졌다. 더 이상 농사를 지을 수 없는 농민들이 생기면서 빈곤층이 늘고 불확실한 미래가 초래되었다. 특히 해외에서 들어오는 저렴하거나 무료인 식량 공급이 갑자기 중단되지 않을 것이라는 보장이 없었기 때문에 불확실성은 더욱 심화되었다.

농업 보호 정책의 변화

1984년에 우유 생산량을 제한하는 우유 쿼터제가 도입되었다. 유럽경제공동체 회원국은 우유 할당량을 배정받았고, 그 할당량을 다시 낙농업자들에게 나누어 주었다. 할당량보다 적은 양의 우유를 생산하고 싶은 농민은 자신의 할당량을 다른 농민에게 팔 수 있었다. 쿼터제는 보조금을 지급할 필요가 없으므로 비용이 많이 들지 않는 가격 통제 방법이다. 한정된 공급량이 가격을 충분히 높게 유지해 주기 때문이다.

유럽경제공동체는 관세 형태로도 수입 제한을 실시했다. 이 조치는 수입 농산물 가격을 인위적으로 올리는 효과를 내기 때문에 세계 다른 지역의 농민들에게는 인기 없는 정책이다. 일례로 유럽에 수입되는 뉴질랜드 양고기에 부과되는 관세는 유럽의 양고기 농가들을 값싼 경쟁으로부터 보호한다.

자유무역과 보호무역의 균형

2016년, 영국 국민은 더 자유로운 무역 협정의 기회를 약속받고 유럽연합 탈퇴에 찬성표를 던졌다. 브렉시트(Brexit, 영국의 유럽연합 탈퇴를 뜻하는 말) 지지자들은 엄격한 규제를 받는 조직에 묶여 있을 때의 단점이 무역 접근성과 정치적 협력이라는 장점보다 더 크다고 주장했다.

모든 국가는 수출 시장을 활성화하기 위해 다른 국가와의 자유무역을 장려하는 정책과, 값싼 수입품이 자국 생산자들에게 불리하게 작용하지 않도록 억제하는 정책 사이에서 균형을 맞춰야 하는 과제를 안고 있다.

미국의 경우, 캐나다와 라틴아메리카, 남아메리카 국가들을 중심으로 약 20개국과 무역 협정을 체결하고 있다. 특별한 무역 협정이 없는 국가들은 무역 파트너 간의 공정한 대우를 보장하는 세계무역기구의 규정에 따라 무역을 할 수 있다.

과잉 생산을 막는 보조금 제도

1992년에 유럽연합은 '휴경 보조금(set-aside grants)' 제도를 도입했다. 이 제도는 과잉 생산을 막기 위해 경작 가능한 농민에게 땅을 놀리는 대가로 돈을 지급한다. 만약 농부들이 농작물을 자신의 모든 경작지에 재배한다면 농작물의 시장 가격이 너무 낮아져 만족할 만한 소득을 보장받지 못하거나 유럽연합이 남는 작물을 사들여 처리해야 하는 상황이 생길 수 있다. 이를 해결하는 방법이 처음부터 농작물을 재배하지 않도록 하고, 대신 농부들에게 작물을 재배하지 않고 땅을 놀리도록 장려하며 그에 대한 보조금을 지급하는 것이다.

공동농업정책 중단

공동농업정책의 보호가 없어지면 많은 소규모 농부들은 대규모 농장과는 달리 '규모의 경제'의 이득을 얻지 못하기 때문에 사업을 유지할 수 없게 된다. 예를 들어, 척박한 산악 지대와 같이 상대적으로 불리한 환경에서 농사를 짓는 일부 농민들은 보조금을 받지 못하면 살아남기 어려울 것이다. 이러한 농장들은 자유시장에서 경쟁력이 떨어져 실패할 가능성이 크다. 하지만 이러한 상황이 되면 정치적으로 반발을 일으킬 수 있으며 장기적으로는 국가의 농업 안정성에도 위협이 될 수 있다. 안전한 식량 공급은 매우 중요하다. 미래에 전쟁이나 자연재해가 발생했을 때 유럽연합이 회원국에 식량을 공급할 수 없게 된다면, 그 지역은 공개 시장에서 농산물을 고가에 사들일 수밖에 없을 것이다.

보조금을 없애고 수입 제한을 해제하면 유럽연합은 많은 돈을 절약할 수 있다. 일부 경제학자들은 이러한 조치가 성공한 농장들의 수익성에는 영향을 미치지 않을 것이고 소비자들은 가격 하락 덕분에 형편이 좋아질 것이라고 예상한다. 보조금을 없앤다는 것은 농사를 계속 짓는 농민들의 농산물 판매 수익이 줄어든다는 의미지만, 농사에 대한 전망이 그다지 매력적이지 않기 때문에 농지 가격은 내려가게 되며, 소규모의 비생산적인 농장은 시장에서 퇴출될 것이다. 그 결과, 생산성이 높은 농장들만 남게 되고 소비자들은 더 낮은 가격으로 농산물을 구매할 수 있게 된다는 주장이다.

전통적으로 공동농업정책을 통해 많은 보조금을 받는 국가들은 보조금 삭감에 반대해 왔다. 대표적으로 프랑스가 그러한데, 프랑스는 농업이 농촌 경제의 큰 부분을 차지하고 있고, 그 결과 농민과 농장 노동자들이 강력한 로비 단체를 형성하고 있다. 반면, 다른 나라들은 대가로 얻는 것이 거의 없는 제도에 많은 돈을 내야 한다는 점에서 불공평하다고 여기고 있고, 그 제도가 가격을 인위적으로 높게 유지하기 때문에 소비자에게도 불이익을 주고 있다고 주장한다. 최근의 공동농업정책은 농업 환경 조건과 농업의 공정성 개선에 중점을 두고, 농업 복지뿐만 아니라 경제와 안정적인 식량 공급을 위해 좀 더 폭넓은 범위의 보조금을 지급하는 것을 목표로 하고 있다.

3부
세계를 지배하는 돈의 흐름

돈은 어떻게 우리를 연결하는가

17

현금 없는 세상,
진짜 오는 걸까

더 이상 현금이 필요 없는
세상이 올까?

전자 결제 수단이 보편화되면서 경제에서 '현금'이 차지하는 비율은 점점 줄어들고 있다. 2009년부터 2019년 사이, 영국에서 현금으로 거래한 비율은 60퍼센트에서 21퍼센트로 떨어졌다. [하지만 이상하게도 코로나19 팬데믹 기간에는 지폐에 대한 수요가 오히려 증가했는데, 이처럼 사람들이 현금을 거의 사용하지 않으면서도 지폐를 더 많이 가지고 있으려는 현상을 '지폐 역설(banknote paradox)'이라고 한다.] 카드나 휴대폰 결제의 등장, 신용카드와 직불카드의 사용 증가, 온라인 구매의 꾸준한 증가로 현금이 존재할 날은 이제 얼마 남지 않은 걸까? 그리고 정말 그렇다면 그것은 우리에게 어떤 의미가 될까?

현금의 역사

물물교환은 두 사람이 동시에 서로 원하는 물건을 가지고 있어야 하기 때문에 쉽지 않은 거래 형태다(1장 참조). 예를 들어, 새끼 돼지를 키우는 한 농부가 사룟값이 들기 전에 새끼 돼지를 팔고자 하면서 아직 수확하지 않은 밀 두 자루를 대가로 원할 수 있다. 약 8000년

> **지급 약속 증서**
>
> 고대 메소포타미아에서는 국가 및 신전 창고에 보관된 물품의 기록을 점토판에 쐐기문자로 새겨 교환 기록이자 일종의 '약속어음'으로 사용했다. 예를 들어, 곡물을 저장해 놓았다는 기록은 다른 것을 구입하는 데 사용될 수 있었고, 새로운 수령자는 그 점토판을 사용해 예치된 물품을 되찾을 수 있었다. 기원전 1760년경의 바빌로니아 함무라비 법전에는 이 계약들의 사용 및 거래를 규제하는 내용이 담겨 있다.
>
>

전, 이 문제를 해결하기 위해 고대 수메르와 바빌로니아, 메소포타미아 사람들이 점토판 시스템을 개발했다. 그들은 물물교환 합의가 이루어지면 합의 내용을 '불라(bulla)'라고 하는 점토판에 기록했다. 이 경우 '가격' 즉, '밀 두 자루'를 점토판에 표시하고, 거래하는 두 당사자는 점토판 반쪽을 각각 가진 뒤 새끼 돼지를 주고받았다. 나중에 밀 수확이 끝나면, 돼지 주인은 반쪽 점토판을 밀 농부에게 건네주고 약속받은 밀 두 자루를 받았다. 시간이 지나면서 이 점토판은 그 자체로 거래 가능한 물건이 되었다.

고대 중국에서는 개오지 조개껍데기가 거래 증표로 사용되었고, 기원전 1000년 무렵에는 조개껍데기 대신 금속 모조품이 사용되었다. 기원전 800년에는 '삽 모양의 포전(布錢)'과 '칼 모양의 도전(刀錢)'을 채택했는데, 무게를 달리해 서로 다른 가치를 나타냈다. 그리고 당나라 시대에 지폐가 발명되었다.

최초의 동전은 기원전 640년경 소아시아에서 만들어졌는데, 이 동전은 일렉트럼(electrum)이라 불리는 금은 합금으로 만들어졌다. 그 후 그리스어권의 다른 지역에서도 동전 개념이 채택되었다.

지폐는 동전을 만드는 데 필요한 구리가 부족했기 때문에 발명될 수 있었다. 그러나 지폐에 대한 관심은 비교적 단기간에 그쳤다. 지폐는 쉽게 만들 수 있었기 때문에 당국은 돈이 필요할 때마다 돈을 찍어 내려는 유혹을 이기지 못했고, 그로 인해 걷잡을 수 없는 인플레이션이 발생했다. 그 결과, 중국의 경우에는 여러 세기 동안 지폐 발행을 중단했다.

유럽 최초의 지폐는 1661년 스웨덴 국왕의 승인하에 스톡홀름 은행가인 요한 팔름스트루흐(Johan Palmstruch)에 의해 발행되었다. 그러나 그는 은행 예금보다 더 많은 돈을 찍어 냈고, 은행은 지급 불능 상태에 빠져 파산하게 되었다. 팔름스트루흐는 1668년에 사기죄로 기소되어 사형을 선고받았고, 이후 감옥형으로 감형되어 감옥에서 생을 마감했다.

핵실버

핵실버(hacksilver)는 이름에서 알 수 있듯이 은을 조각내서 만든 화폐의 일종이다. 고대 스칸디나비아 사람들은 동전과 함께 이 핵실버를 화폐로 사용했다. 핵실버는 주로 약탈로 얻은 전리품에서 나왔는데, 은으로 만들어진 물건들, 즉 접시, 장신구, 종교 용품 등을 조각내 무게로 가치를 매기고 무역과 상업에 사용했다. 러시아 화폐 단위인 루블(руб)은 '자르다'를 의미하는 동사 '루빗(рубить)'에서 유래되었다.

금본위제

지폐는 신뢰 문제가 있었지만 계속 발전해 나갔다. 귀금속만으로는 현금 수요를 충족시킬 수 없게 되면서, 새로 생겨난 최초의 국립은행들은 팔름스트루흐의 지폐보다 더 신뢰할 수 있는 약속어음을 발행하기 시작했다. 그렇다 하더라도 인플레이션의 위험은 여전했으며, 이를 어느 정도 억제한 것이 '금본위제(gold standard)'였다. 금본위제는 독립적으로 설정된 금값에 각국의 화폐를 연계시킨 것으로, 고정 환율이 생겼음을 의미했다. 1834년부터 1933년까지 미국의 금값은 온스당 20.67달러에 설정되었고, 영국은 3파운드 17실링 10½펜스로 설정되었다. 이는 1파운드의 가치가 4.867달러라는 것을 의미했다. 금본위제는 참여국들이 돈을 대량으로 찍어 내지 않는 한 잘 유지되었다.

하지만 금본위제는 1차 세계대전 당시 각 참전국들이 전쟁 자금을 마련하기 위해 돈을 대규모로 찍어 내면서 무너지게 되었다. 전쟁이 끝난 후에 다시 복원되었으나, 영국은 1931년 경기 불황과 파운드화에 대한 대규모 환매로 금본위제를 포기했다. 이로써 파운드화가 평가절하되었고, 영국 경제는 회복되었다.

금본위제는 1971년 미국이 다른 나라들이 보유한 달러를 금 1온스당 35달러에 교환해 주기로 한 약속을 철회한 것이 계기가 되어 완전히 붕괴되었다.

> ### 파운드 이야기
>
> 영국의 '파운드 스털링'은 현재 사용되고 있는 가장 오래된 통화다. 파운드는 1560년 엘리자베스 1세 여왕이 1트로이파운드(귀금속이나 보석류를 달 때 쓰이는 무게 단위로, 1트로이파운드는 약 373그램 - 옮긴이)의 은으로 파운드 가치를 설정하면서부터 시작되었다. '스털링'이라는 말은 1078년에 처음 등장했는데, 가장 순수한 형태의 사용 가능한 은, 즉 99퍼센트 순도의 은을 뜻한다.

수표의 등장

수표가 등장하면서 현금의 전성기가 끝났다고도 볼 수 있다. 고대 로마인들은 기원전 1세기에 프라에스크립시오네스(praescriptiones)라고 불리는 수표와 유사한 것을 사용했고, 9세기 아랍인들과 중세 유럽인들도 비슷한 환어음(bill of exchange)을 사용했다.

현대식 수표 중 가장 오래된 것 중 하나는 1659년에 손글씨로 작성된 것이다. 영국은행(Bank of England)은 1717년에 수표 작성용으로 사전 인쇄된 양식을 처음 발행해 선보였다. 그러나 수표 사용이 크게 늘어난 시기는 기계 판독 문자 세트가 도입되면서 다수의 수표를 자동으로 처리할 수 있게 된 1959년부터였다. 1969년에는 수표보증카드(수표 사용자의 은행 계좌를 증명해 주는 카드 - 옮긴이)가 등장하면서 소매상들은 계좌 소유자가 돈이 없더라도 안심하고 수표를 받을 수 있었다(은행에서 계좌 소유자로부터 돈을 회수할 책임을 졌다).

수표 사용은 대부분의 나라에서 1980년대와 1990년대에 정점에 달했는데, 당시 수표는 예전부터 존재하던 현금 다음으로 인기 있는 지불 방법이 되었다. 매년 수십억 장의 수표가 처리되었지만, 현금이 여전히 강력한 결제 수단으로 자리를 지키고 있었다.

직불카드와 신용카드

1990년대 중반에 은행들은 수표보증카드를 단계적으로 폐지하면서 직불카드로 대체했다. 고객들은 수표를 쓸 때와 마찬가지로, 거래할 때마다 여전히 서명을 해야 했다. 그러다 직불카드와 신용카드에 개인 식별 번호(PIN)가 저장된 전자 마이크로 칩이 내장되었다. '칩 앤 핀(chip and PIN)'으로 불린 이 방식은 위조가 가능한 서명 대신 카드 소지자만 아는 개인 식별 번호를 사용하기 때문에 더욱 안전하다고 여겨졌다.

온라인 구매, 전자 이체, 페이팔 같은 안전한 온라인 결제 옵션의 유행도 현금 사용에 큰 타격을 입혔다. 이제 사람들은 매장에서 현금으로 물건을 사는 대신에, 카드를 사용하거나 페이팔로 결제하며, 전 세계 어디서든 상품을 구입할 수 있게 되었다. 또한 직불카드와 신용카드는 다른 나라에서도 사용이 가능해 여행자들이 외화를 가지고 다닐 필요성도 줄어들었다.

현금 사용의 감소

비접촉식 결제 카드나 휴대전화 또는 다른 휴대용 장치로 결제하는 방식 덕분에 오늘날에는 현금을 가지고 다닐 필요가 점차 줄어들었다. 값싼 물건을 살 때조차도 현금을 사용하지 않게 되었다. 현금 사용 감소를 보여 주는 몇 가지 통계는 다음과 같다.

- 현금을 사용한 지급액은 오래전부터 무현금 지급액을 크게 밑돌았다. 영국에서는 2003년 신용카드와 직불카드 판매액이 현금 판매액을 앞질렀다.
- 2015년 직불카드 및 신용카드를 이용한 소비자 판매액이 현금 판매액의 세 배였다.
- 2015년 3월 초 영국에서 현금을 사용한 거래 건수가 처음으로 무현금 결제

방식을 이용한 거래 건수보다 적었다.
- 2020년에는 팬데믹으로 인해 사람들이 현금 주고받는 것을 꺼리게 되면서 현금 사용 감소세가 가속화되었다. 현금 결제 비율은 전체 결제의 17퍼센트에 불과했으며, 카드 결제가 약 50퍼센트, 비접촉 방식은 25퍼센트 이상을 차지했다. 이 시기에는 영국 인구의 3분의 1가량이 모바일 결제 서비스에 등록했다.

오염된 돈

현금은 부피와 무게가 있고, 잃어버리거나 도둑맞을 수 있어 안전하지 않다. 카드와 달리 세고 확인해야 하는 등의 수고도 필요하다. 또한 현금은 더럽혀지기도 해서 사람들은 자기만 사용하는 카드가 더 위생적이라고 여긴다.

지폐가 코카인에 오염되어 있다는 도시 전설을 들어본 사람도 있을 것이다. 1994년 미국 로스앤젤레스의 제9차 연방 순회 항소법원이 실시한 연구에 따르면 지폐 네 장 중 세 장이 불법 약물에 오염된 것으로 나타났다. 다른 곳에서도 유사한 연구 결과가 나왔다. 영국 전역을 대상으로 이루어진 한 연구에서는 오염률이 80퍼센트로 나왔다. 1999년 런던에서는 상황이 더 심각했는데, 검사한 지폐 500

> **부서지는 지폐**
>
> 독일은 일부 유로화 지폐가 현금인출기에서 인출된 후 부스러지는 문제를 겪었다. 조사 결과, 그 지폐들이 동유럽의 필로폰 가루에 오염된 것으로 밝혀졌다. 이 필로폰 가루에는 높은 농도의 황산염이 포함되어 있었는데, 지폐를 손에 쥔 사람들의 땀과 반응해 황산을 생성했고, 이 황산이 지폐의 섬유 구조를 분해하면서 부스러진 것이다.

장 중에서 네 장만이 코카인에 오염되지 않았다. 코로나19 팬데믹 기간 동안에는 중국이 지폐를 격리하는 대응책을 시행했다. 은행에 예치된 지폐를 사외선으로 소독한 뒤 7~14일 동안 보관한 뒤에야 다시 유통시키는 조치였다.

사라지는 것들

사람들이 물건을 살 때 현금을 사용하는 경우가 점점 줄어들고 있다. 주차료 징수기, 자동판매기, 기타 기계식 결제 장치들도 카드 결제나 휴대폰 결제를 받는 방식으로 대부분 전환되었다. 일부 시내 버스와 같은 대중 교통수단은 현금을 받고 있지만(영국 런던의 버스는

2014년부터 현금 사용이 불가능하다) 비접촉식 결제가 선호되고 있으며, 때로는 비접촉식 결제만 가능한 경우도 있다.

현금을 이용할 수 있는 자동판매기가 사라질 날도 얼마 남지 않은 듯하다. 동전이나 지폐를 수거하고 은행에 입금하는 데 드는 수고가 더 크기 때문이다. 현재로서는 시장 상인이나 노점상 같은 자영업자들의 경우 신용카드사가 부과하는 높은 수수료 때문에 여전히 현금 거래를 선호한다. 또한, 지하경제가 존재한다. 세금 부담을 피하려고 현금 결제를 요구하는 상인 등이 그 예다.

현금의 큰 장점 중 하나는 익명성이다. 하지만 현금 사용량이 감소함에 따라 이제는 현금으로 비싼 물건값을 치르면 의심스러워 보이기도 한다. 한때는 현금을 잔뜩 갖고 다니는 것이 부의 상징이었는데, 이제는 그런 행동이 사회의 주변부에 속해 있거나, 심지어는 가난하거나 범죄에 연관된 사람처럼 보이기도 한다.

무현금 사회에 가장 근접해 있는 스웨덴에서는 전자결제 방식이 보편화되면서 2008년에 110건이던 은행 강도 사건이 3년 만에 16건으로 급격히 감소했다. 대부분의 스웨덴 은행들은 이제 더는 현금을 취급하지 않는다. 금융 범죄는 이제 온라인에서 이루어지는 경우가 대부분이다.

마이너스 금리

현금을 제조하고 유통하려면 많은 비용이 든다. 상인들은 현금을 안전하게 보관하고 은행으로 옮기는 과정에서 비용이나 수고로움을 치러야 한다. 현금을 취급하고 관리하는 데도 시간이 소요된다. 또한 위조지폐는 그것을 모르고 받는 사람에게 부담이 된다. 2015년의 한 연구에 따르면, 미국이 현금을 없앤다면 GDP가 0.47퍼센트 증가할 것으로 나타났다. 그해 GDP가 17조 7100억 달러였다고 하니 무려 832억 3700만 달러에 해당하는 금액이다.

현금을 보관하고 옮기고 이용하는 데에는 상당한 시간과 비용이 소요된다.

현금 사용의 비용은 덴마크와 스위스 같은 마이너스 금리 국가(2018년 기준)에서 가장 높다. 이러한 나라에서는 예금자들이 은행에 돈을 맡기는 데도 비용을 지불해야 한다. 덴마크의 마이너스 0.65퍼센트의 예금 금리에서는 사람들이 현금을 은행에 맡기는 대신 집 안 매트리스 밑에 보관하는 편이 더 현명한 선택이 될 수도 있다.

현금 사용이 줄어든 국가들

현금이 점차 사라지고 있는 나라 중에는 스웨덴이 현금으로 거래되는 비율이 10퍼센트 수준에 불과해 가장 앞서 있다. 소말릴란드(소말리아의 자치 지역)도 뒤지지 않으며, 이곳에서는 휴대폰을 이용한 결제가 세계 어느 곳보다 보편화되어 있으며, 노점상들까지도 휴대폰 결제를 받는다.

케냐의 대표적인 모바일 시스템인 엠페사(M-pesa)의 가입자 수는 3000만 명 이상이다. 이 시스템은 소액 결제는 물론이고 월급, 학비, 공과금과 같은 정기적인 지불에도 이용된다.

캐나다는 종이 지폐 발행을 중단하기로 결정하고, 2011년에 플라스틱 지폐를 도입했다. 많은 캐나다인들이 현금보다 디지털 결제를 선호해 비접촉식 결제와 전자지갑 사용이 증가하고 있다.

전문가들은 2030년 이전에 세계 최초의 완전 무현금 국가가 등장하리라고 예측하고 있다.

18
경제 위기는
어디서부터 시작될까

2008년 금융 위기는
세계 금융 시장의 취약성이 드러난
결정적인 순간이었다.

2008년, 이전 10년 동안의 경제 성장은 거의 스테로이드를 연료로 공급받은 것처럼 급속도로 진행되었다. 금융 시장 상황이 끔찍하게 잘못되어 가고 있음을 알리는 첫 신호는 미국 인디맥 은행(IndyMac Bank)의 파산이었다. 그 후 더 많은 은행과 금융기관들이 인디맥의 뒤를 이어 무너졌고, 이 사태의 여파는 전 세계로 빠르게 퍼져나갔다. 기업과 개인에게 미친 영향은 곧 재앙 수준이 되었다. 각국 정부는 주요 금융기관들을 구제해 은행 시스템의 완전한 붕괴를 막으려고 했지만, 결국 1930년대 대공황 이후 어느 때보다도 심각한 세계

적인 경기 침체로 이어졌다.

무에서 생긴 돈

경제학자들은 이 경제 위기의 복잡하고 상호 관련된 각각의 원인들이 얼마나 영향을 미쳤는지 논쟁을 벌였지만, 탐욕과 과한 자신감, 금융 부문에 대한 지나치게 부족한 규제가 불안정한 기반 위에 거대하고 위태로운 시장을 세워지게 했다는 점에 대해서는 대체로 동의했다. 실제로 금융 시장의 가치는 시장의 기초가 되는 실제 재화와 서비스 가치보다 몇 배나 더 컸다.

불황은 주택 부문에서, 2007년 미국의 부동산 가격 하락으로 시작되었다. 그러나 그 전에 이미 은행들의 무분별한 대출로 너무 많은 여유 자금이 조성되면서 재앙이 발생할 무대가 마련되어 있었다. 은행이 돈을 빌려줄 때마다, 은행은 본질적으로 '없던 돈'을 만들어 낸 셈이기 때문이다(9장 참조).

2000년부터 2007년 사이에 영국 경제의 통화 및 부채 규모는 두 배로 늘었지만, 비금융 부문 산업으로 들어간 '신규' 통화는 8퍼센트에 불과했다. 나머지는 주거용 부동산(31퍼센트), 상업용 부동산(20퍼센트), 금융 시장(32퍼센트), 개인 대출 및 신용카드(8퍼센트) 등이었다.

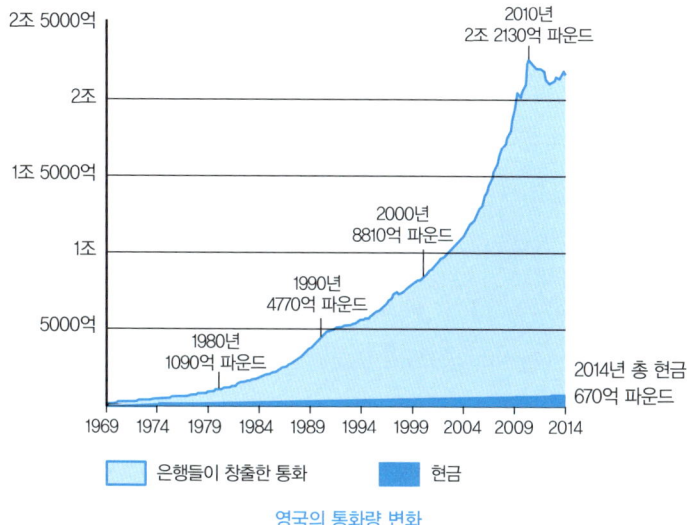

영국의 통화량 변화

다른 국가들도 이와 비슷한 패턴을 보였다.

서브프라임 모기지

과거에는 주택 구입 희망자가 주택담보대출을 받으려면 대출 기관은 부동산의 가치, 대출 신청자의 소득과 담보대출 분납금 상환 능력을 평가했다. 신청자의 소득이 너무 적거나 신용 기록이 나쁘거나 집값이 너무 높게 평가되어 가치가 떨어질 가능성이 있다면 대출은 거부되었다. 경제적으로 타당한 방식이었다.

1990년대는 주택 수요가 증가하면서 부동산 가격이 꾸준히 상승했다. 금융업자들은 이런 추세가 계속될 것이라고 생각했다. 이 때문에 주택 구입용 대출, 심지어 고위험 대출까지도 매력적으로 보였다. 일부 미국 은행들은 상환 불능 위험이 평균보다 높은 사람들에게 돈을 빌려주는 고위험 대출 상품을 제공하기 시작했다. 이러한 대출이 바로 '서브프라임 모기지(subprime mortgage)'다. 주택 가격이 계속 상승할 것이라고 가정했기 때문에 고객이 대출금을 상환하지 못하더라도 집을 압류하고 매각해 대출 잔액을 메울 수 있다는 생각이었다. 이 방식은 은행들이 큰 위험 없이 추가 수익을 창출할 수 있는 아주 간단한 방법처럼 보였다.

여러 바구니에 달걀 나눠 담기

은행들은 위험한 부채를 한데 묶으면 위험이 줄어들 것으로 보고 서브프라임 모기지를 한데 모았다. 미국의 한 지역에서 부동산 가격이 내려가더라도 다른 지역에는 영향이 미치지 않을 것이므로, 전국의 대출을 한데 묶으면 위험이 분산될 것이고 시장의 지역별 변동에도 영향을 거의 받지 않을 것이라는 생각이었다.

이렇게 한데 모아진 주택담보대출은 부채담보부증권(collateralized debt obligation, CDO)이라 불리는 증권의 기반이 되었다. 부채담보부증권은 평가된 위험에 따라 여러 트랜치(tranche, 자산이나 부채를 위험도와 수익률에 따라 계층적으로 나눈 구조)로 나뉘었다. 이는 상환 불능 가능성이 가장 낮은 주택담보대출을 함께 묶고, 상환 불능 가능성이 가장 높은 주택담보대출을 함께 묶고, 그 사이 단계에도 여러 다른 묶음이 있는 구조였다. 가장 안전하다고 여겨진 트랜치는 트리플 A 등급을 받았는데, 이는 그것들이 안전한 투자 대상임을 나타냈다. 문제는 이 등급 평가가 부채담보부증권을 만든 은행들로부터 수수료를 받는 신용평가기관에 의해 매겨졌다는 점이다. 당연하게도 그들은 부채담보부증권의 안정성을 과도하게 높게 평가했다.

부채담보부증권 시장

금리가 낮았던 당시, 투자자들은 평균보다 높은 수익률을 제공하는 상품을 찾고 있었다. 부채담보부증권이 바로 그런 상품이었다. 위험은 자산의 통합과 트랜치를 통해 잘 숨겨져 있었고, 최종 상품은 예전이었다면 결코 담보대출을 받을 수 없었을 사람들과는 거리가 멀어 보였다. 그러나 이 모든 체계는 위태위태한 주택에 사는 그 사람들을 발판으로 지어진 것이었다.

　부채담보부증권은 너무나 매력적인 투자 상품이어서 많은 투자자들이 돈을 빌려 그 증권을 사들였다. 다시 말하면, 낮은 이자율로 돈을 빌려 더 높은 이자율에 투자하고 그 차액에서 이익을 얻을 것으로 기대한 것이다. 하지만 그 투자가 기대했던 성과를 올리지 못하더라도 대출금은 여전히 상환해야 했다. 부채담보부증권은 미국 내 금융기관뿐만 아니라 국제적으로도 활발하게 거래되었다.

집값이 빚보다 낮아지다

미국의 주택 가격이 떨어지자 부채담보부 체계도 무너졌다. 그리고 주택 가치 하락은 몇몇 지역에서 산발적으로 발생한 게 아니라 모든 곳에서 발생했다. 돈을 빌린 사람들이 대출 상환을 하지 못하자 취약한 서브프라임 모기지가 침체의 희생양이 되었다. 주택 소유자나 은행이 대출금을 메울 수 있을 만큼의 충분한 가격에 집을 파는 건 불가능했다. 집값이 폭락하면서 주택 구입을 위해 받은 융자금보다 주택 가격이 더 낮아지는 상황인 '네거티브 에쿼티(negative equity)'가 발생했다.

　네거티브 에쿼티는 주택 소유자가 빚을 갚을 수 없어서 집을 팔아야 할 때 문제가 된다. 고위험 대출자들은 집을 팔아 이사를 갈 수가 없기 때문에 대출 상환도 할 수 없게 된다. 돈을 대출해 준 금융기관들은 돈을 잃을 처지가 되었고, 이는 부채담보부증권이 가치를 잃었다는 것을 의미했다. 부채담보부증권이 여러 대출을 한데 모아 트랜치로 분산되어 있었다고 해도 그 증권은 은행들이 주장했던 것만큼 안전한 자산이 아니었고, 곧이어 가치가 없어졌다. 설사 거래가 이루어졌더라도 부채담보부증권은 매우 낮은 가격에 팔렸다.

결국 은행들의 자본 가치는 하락했다. 하위 계층의 대출자들(담보대출 보유자)이 대출금을 상환했음에도 이 일은 벌어졌다. 시장은 그들이 대출금을 상환할 것이라는 가정하에 만들어졌지만, 그 가정의 가치가 폭락했다. 사실상 아무런 기반 없는 시장이었다.

● 레버리지: 미래 가치에 대한 기대

레버리지(leverage)는 이익이나 손실을 극대화하기 위해 사용하는 기법이다. 일반적으로 레버리지는 이자율이나 상품 또는 원자재의 가치와 미래 가치에 대한 예측을 기반으로 한 투자 방식이다. 예를 들어, 주택을 구입할 때 일부 금액을 예치하고 대출받는 사람은 자신의 예금을 레버리지하는 것이다. 그들은 주택 가치가 시간이 지날수록 상승할 것이라고 가정하고, 그들의 자산이 줄어드는 게 아니라 더 많아질 것이라는 믿음에 투자하는 셈이다.

유동성 위기

서브프라임 모기지의 붕괴는 유동성 위기로 이어졌다. 금융기관들은 대출금 형태로 보유하고 있던 자산(점점 더 많이 압류된 주택들)을 현금으로 전환하는 데 어려움을 겪었다. 주택 가격이 내려가면서 채무자가 대출금을 갚지 못한 주택의 가치는 주택 구입 당시의 대출 금액보다 더 낮아졌다. 은행이 집을 파는 데 성공하더라도, 점점 침체되는 시장에서 모든 대출금을 회수하는 것은 불가능했다.

신용부도스와프(credit default swap, 채권 발행사가 부도날 경우 원금을 상환받을 수 있도록 한 보험 성격의 신용파생상품 – 옮긴이)는 이 사슬의 또 다른 취약한 연결고리였다. 이 보험 상품은 대출자가 대출금을 상환하지 못할 경우를 대비해 가입했다. 예를 들어, A가 B에게 1000달러를 빌려주고 그 대출에 대해 보험을 든다면 B가 돈을 갚지 않을 경우 A에게 보험금이 지급된다. B가 돈을 제대로 갚는다면 보험사는 A가 낸 보험금을 가지게 된다. 이렇게 해서 신용부도스와프에서도 균열이 생기기 시작하자마자 보험사와 은행도 막대한 보험금 지불 부담을 견디지 못하고 무너져 내렸다. 리먼브라더스(Lehman Brothers)가 파산을 선언한 지 불과 며칠 만에 보험회사인 AIG도 대규모 신용부도스와프 리스크에 무너지고 말았다.

리먼브라더스의 몰락은 직원과 투자자뿐 아니라 경제 전체에도 재앙이었다. 가장 큰 은행도 파산할 수 있다는 사실이 드러나자 모든 금융기관이 공황 상태에 빠지면서 대출을 중단했다. 재무관리를 충실히 해 온 기업조차도 곤경에 빠졌다. 그들은 단순히 사업 확장을 위한 계획의 일부로서, 혹은 정해진 영업 방식의 일부로서 단기 자금을 필요로 했지만, 은행들은 이와 같은 건전한 기업에도 돈을 빌려주지 않았다. 상황은 연쇄적으로 악화되었다. 기업들은 사업 속도를 늦춰야 했고, 정상적인 거래 자금을 조달하는 데 필요한 대출도 받을 수 없어 근로자들을 해고하기 시작했다. 실업자가 증가하면서 소비가 줄어들었고, 그 결과 제조업이 더욱 침체되면서 더 많은 사람들이 일자리를 잃었다. 이렇게 경기 침체가 전개되었다.

은행들은 대출자에게 돈을 빌려줘도 된다는 확신도, 그럴 돈도 부족했지만, 이미 대출해 준 기업과 개인이 대출금과 이자를 상환하기를 기대했다. 은행이 대출을 해 주면 통화가 창출되지만, 대출금이 상환되면 통화는 줄어든다. 실제로 대출금이 상환되면서 경제에서 통화가 빠져나갔고, 그로 인해 소비와 투자가 둔화되어 경기 침체는 더욱 심화되었다.

> '당신이 은행에 100달러를 빚졌다면 그건 당신의 문제다. 당신이 은행에 1억 달러를 빚졌다면 그건 은행의 문제다.'
> J. 폴 게티 J. Paul Getty, 미국의 석유 재벌

금융 위기와 구제

경제의 파국적 붕괴를 막기 위해 주요 서방 정부들은 대형 은행들을 구제할 수밖에 없었다. 각국 정부는 이 은행들을 '망하기에는 너무 중요한 은행'으로 여겼기 때문에 때로는 국영화 조치를 통해 은행에 필요한 돈을 제공해야 했다. 이 조치들을 시행하는 데 필요한 자금을 조달하기 위해 정부는 국채를 발행했고, 이로 인해 막대한 국가 부채가 발생했다. 이 빚을 갚기 위해 정부는 공공 자금을 줄여야 했고, 이에 따라 공공 서비스와 복지, 수당 지급이 줄어들었다. 이러한 조치들이 바로 '긴축 정책(austerity measures)'이다.

분명 은행들과 금융업계에 책임이 있었다. 그들은 손실이나 시장 변동을 흡수할 충분한 여유가 있는지 확신하지도 못한 채 어마어마한 부채를 끌어들여 투자를 감행했다. 문제의 근원은 탐욕과 안일함, 그리고 잘못된 신뢰였다.

하지만 은행은 외부와 단절된 상태에서 운영되는 게 아니다. 규제 기관과 중앙은행은 은행들을 감독하고 재앙으로 이어질 수 있는 과도한 위험을 막아야 한다. 미국은 2005년경부터 아시아와 유럽에서 많은 자금을 공급받았고, 이로 인해 초저금리가 지속되고 있었다. 낮은 금리는 높은 위험을 감수하고서라도 고수익을 추구하려는 투자자들의 욕구를 부추겼다. 그러나 규제 당국은 이와 관련한 경고를 하지 않았다. 가장 비극적인 점은 미국의 규제 당국이 리먼브라더스를 구하기 위한 개입을 하지 않았다는 점이다.

리먼브라더스의 몰락

미국의 투자 은행 리먼브라더스는 금융 위기 속에서 가장 먼저 파산한 금융기관이었다. 2007년, 리먼브라더스의 차입금 비율은 30 대 1에서 60대 1 사이였다. 이는 리먼브라더스가 보유한 실제 자산은 겉보기 자산의 30분의 1에 불과하고, 나머지는 차입에 의존하고 있다는 것을 의미한다. 리먼브라더스는 특히 서브프라임 모기지 시장에 과도하게 노출되어 있었다. 리먼브라더스는 자산 가치가 3~4퍼센트만 하락해도 회사의 전체 가치가 완전히 사라질 정도로 자본을 차입금으로 충당한 상태였고, 결국 2008년에 파산하고 말았다.

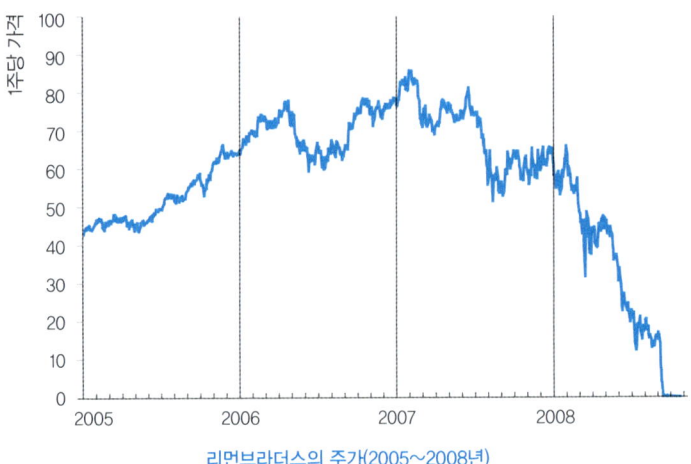

리먼브라더스의 주가(2005~2008년)

경제학자들 사이에서는 각 당사자들에게 어느 정도의 책임이 있는지를 두고 의견이 엇갈린다. 우파 경제학자들은 미국 정부와 주택 정책이 서브프라임 대출을 부추긴 점을 비판하는 반면, 좌파 경제학자들은 금융기관의 탐욕과 금융 시장에 대한 규제 부족을 비판한다. 어쨌든 붕괴의 진짜 원인을 파악하는 일은 미래에 또 다른 경

> '당신 회사가 망하면서 우리 경제는 위기에 빠졌고, 당신은 4억 8000만 달러를 그대로 가지고 있습니다. 당신에게 아주 기본적인 질문을 하겠습니다. 이게 공정한 일입니까?'
>
> 미국 하원의원 헨리 왁스만 Henry Waxman, 감시및정부개혁위원회Oversight and Government Reform에서 리먼브라더스 최고경영자 리처드 펄드Richard Fuld에게 한 질문

제 위기를 막는 데 도움이 될 것이다.

막대한 구제금융 비용

영국 정부가 영국의 은행들을 구제하기 위해 2009년에 사용한 금액은 정부가 그런 방식으로 지출한 금액 중 역대 가장 큰 액수였다. 그전까지 가장 큰 금액을 지급한 경우는 1834년에 영국의 노예 주인 4만 6000명에게 노예제 폐지에 따른 보상금을 지급했을 때다.

당시 노예 소유주들에게 지급된 금액은 1834년 정부 지출의 40퍼센트에 해당했으며, 오늘날의 가치로 환산하면 약 250억 달러에 달한다.

19
긴축 정책은 정말 효과가 있을까

경기 침체를 극복하기 위해서는
경기 부양책과 긴축 정책 중 어떤 것이
더 효과적일까?

침체 상태의 경제는 활력이 거의 없고, 부채가 많으며, 지출이 적은 것이 특징이다. 이러한 경제는 생산적이지 않으며, 경제성장률이 매우 낮아서 성장률이 제로거나 마이너스일 수 있다.

경기 침체의 시작

경기 침체에 대한 단순하고도 일반적인 정의는 1년 중 2분기 연속으로 GDP가 하락한 경우를 말한다. 일부 경제학자들은 1년 동안 실업률이 1.5~2퍼센트 증가한 경우를 경기 침체의 또 다른 지표로 보기도 한다.

경기 침체는 악순환과 하향곡선이 될 수 있다. 사람들이 돈을 쓰지 않으면 기업은 매출이 줄어든다. 매출 수입이 줄면서 기업은 인력을 유지할 여유가 없어 실업률이 증가한다. 고용되어 있는 사람들은 불안해하고, 직장이 없는 사람들은 소비할 경제적 여유가 없어서 지출은 다시 줄어든다. 이를 '부정적인 승수 효과(negative multiplier effect)'라고 한다. 수요가 더 떨어지면 기업들은 더 많은 것을 줄이게 되고, 그 결과 몇몇 기업들은 파산한다. 이때 더 많은 실업자가 발생해 지출은 더욱 줄어든다. 소득이 아예 없는 사람이나 저소득층을 지원하는 복지 국가에서 경기 침체는 복지 수당의 필요성이 높아져 정부 지출이 증가한다.

수익 감소, 실업률 증가, 소비 및 임금의 감소는 세금으로 걷히는 돈이 줄어든다는 것을 의미한다. 정부는 더 많은 돈을 복지 수당으로 지급해야 하지만, 수입은 줄어들어 재정 적자가 발생한다. 정부는 도로 건설이나 국방과 같은 다른 분야에서 지출을 줄일 수밖에 없는데, 이러한 조치는 그 분야들까지도 침체에 빠지게 한다. 만일 정부가 돈을 빌리게 되면 그 돈을 갚아야 하고 대출 이자도 내야 한다. 이러한 상황에서는 해결 방법을 찾기가 어렵게 된다.

공공 지출을 통한 경제 회복

경기 침체에 대처하는 한 가지 방법은 정부가 현금을 투입해 경기를 부양하는 것이다. 예를 들어, 정부는 도로와 철도를 더 많이 건설하고 교육과 의료 서비스를 확대함으로써 공공 지출을 늘릴 수 있다. 이렇게 하면 고용이 늘고 상품과 원자재에 대한 수요가 창출된다. 공공 지출을 늘리려면 돈을 빌리거나 만들어야 하지만, 그 돈은 경제로 바로 들어가게 된다. 고용이 늘고, 사람들이 돈을 쓸 자신감이 생기며, 상황이 좋아져서 경제 생산성이 높아진다. 처음에는 사람들이 불안감을 떨치지 못해 돈을 쓰기보다는 저축할지도 모른다. 그러나 결국 소비가 늘면서 더 많은 돈이 돌기 때문에 산업 생산량과 일자리가 증가하게 된다. 또한 은행들이 확장 자금을 마련하려는 업계에 돈을 빌려줘도 되겠다는 확신을 얻게 되면서 돈이 경제에 유입되어 정부의 부채 자금을 마련하는 데 도움을 준다.

이론에 따르면 시간이 지나면서 사람들이 돈을 벌고 그 돈을 쓰기 때문에 세금을 더 많이 내게 되고, 정부는 지출한 돈을 회수하기 시작한다. 경기가 살아나면서 인위적인 부양책이 덜 필요해지면서 정부 지출도 정상 수준으로 돌아가게 된다.

긴축 정책

경기 부양책의 다른 대안으로는 긴축 정책이 있다. 긴축은 정부가 지출을 줄이는 방식으로, 그 결과 많은 사람들이 지출을 줄이게 된다. 정부는 복지와 공공재 및 서비스에 대한 지출을 줄여서 비용을 절감할 수 있다. 또한, 공공 부문 급여와 연금을 제한하고 정부 채권에 대해 지급하는 이자를 줄일 수도 있다. 이러한 조치는 정부가 지급해야 할 금액을 즉각적으로 줄여 주지만, 많은 사람이 쓸 돈이 줄어든다는 것을 의미하기도 한다. 지출 감소는 경제가 더 침체하고 정부의 세수가 더 줄어들기 때문에 단기적으로 상황을 더 악화시킬 수 있다.

공공 지출을 줄여서 절감한 돈은 민간 부문의 기업과 개인에 대한 세금을 줄이는 데 사용할 수 있다. 이론적으로, 세금이 줄어들면 사람들이 쓸 돈이 많아지기 때문에 일반적인 지출 증가로 이어지게 되고, 기업은 성장하고, 고용은 증가하며, 대외 무역은 확대된다. 공공 지출의 한 영역에서 삭감되어 만들어진 돈은 도로나 철도 건설 등의 기반 시설 부문의 성장을 위해 사용할 수도 있다. 이로써 고용이 증가하고 소비와 세금도 증가한다.

절약한 돈을 부양책으로 사용하는 이러한 방식은 정부가 상환해야 할 빚이 크지 않은 경우에만 가능하다. 2010년대의 그리스 경제와 같은 위기 상황에 처한 국가는 공공 지출이나 세금 인하를 위한 목적이 아닌, 오직 부채를 갚기 위해 긴축 정책을 펼 수도 있다.

전쟁과 긴축 정책

많은 국가들이 20세기에 벌어진 두 차례의 세계대전 동안 긴축 정책을 시행했다. 국민의 일부가 전쟁터로 떠나 있는 동안 정부는 값비싼 전쟁 물자 자금을 마련하고 필수 식량과 기타 서비스를 확보하기 위해 돈을 모으거나 아껴야 했다. 1차 세계대전 이후인 1919년에 미국은 77퍼센트라는 아주 높은 소득세율을 부과했다. 정부는 식량 공급을 통제하고 주요 식품을 비롯한 기타 필수품 가격을 고정했으며, 특정일에는 연료 사용을 금지하기도 했다.

하지만 전쟁이 끝난 후의 경제는 침체된 경제와는 매우 다르다. 미국 경제는 전쟁 전까지 호황을 누렸었고, 전쟁에 대한 대중의 지지는 장기적인 어려움에 지친 사람들의 피로감과는 다른, 더 긍정적인 분위기를 조성했다. 1939년에 전쟁이 다시 터졌을 때, 실제로 전쟁은 일부 국가들을 경기 침체나 불황에서 벗어나게 해 주었다. 전쟁 덕분에 재화와 서비스에 대한 수요가 증가하고 고용도 늘어났기 때문이다.

역사가 주는 교훈

2008년 금융 위기 이전, 마지막으로 발생한 대대적인 세계 경기 침체는 1930년대의 대공황이었다. 대공황은 1929년 미국 월가의 주식 시장이 붕괴하면서 시작되었다. 미국은 자국 생산자들을 보호하기 위해 해외 차관을 회수하고 수입품에 대한 관세 장벽을 세웠다. 그 결과, 불황은 특히 유럽을 중심으로 세계의 다른 지역들로 확산되었다.

미국에서는 1933년까지 1300만~1500만 명(인구의 20퍼센트)의 사람들이 실직 상태였고, 은행의 절반가량이 파산했다. 상황은 참담했

대공황 기간 동안, 소작농들은 빚을 갚지 못해 땅을 떠나야 했고, 많은 노동자들이 해고되었다. 이로 인해 더 많은 실업자가 발생했고, 국가 간에 사람들이 집단으로 이동하는 현상이 발생했다.

1930년대 대공황 시기, 사람들이 식당에서 수프를 얻기 위해 줄 선 모습. 대공황 시기에는 많은 사람들이 기본적인 생계조차 유지하기 어려웠다.

다. 은행이 파산하면서 많은 사람들이 저축한 돈과 일자리, 집을 잃었고, 일부는 절망에 빠져 스스로 목숨을 끊기도 했다. 미국 농업은 부적절한 농업 방식으로 전환되면서 심각한 가뭄을 초래해 몇 년째 위기에 처해 있었다. 미국의 복지 지원은 영국보다 훨씬 적었으며, 많은 사람들이 절망적인 상태에 빠졌다.

경제 회복을 위한 정부의 대응

영국에서는 웨일스, 잉글랜드 북부, 스코틀랜드에 주로 집중되어 있던 선박 건조, 석탄 채굴, 제련 제철 등의 '중공업'이 가장 먼저 무너졌다. 잉글랜드 북부의 재로(Jarrow) 마을의 경우, 모든 성인 남성이 실업자가 되었다. 그러나 영국 남부의 새로운 '경공업'은 영향을 훨씬 덜 받았고, 이는 심각한 남북 불평등으로 이어졌다. 영국 정부는 지출을 줄이기 위해 실업 수당을 줄이고 세금을 늘렸다. 영국 내 산업을 보호하기 위해 수입 관세도 부과했지만, 다른 나라들 역시 수입 관세로 보복하면서 무역은 더욱 침체되었다. 이러한 긴축 조치로 상황이 더 악화되었을 가능성이 크다.

동시에 정부의 일부 조치는 상황에 도움이 되었다. 유통되는 통화량을 늘리고 금리를 낮추어 돈을 가진 사람들이 돈을 쓰도록 장려했다. 정부는 경기가 침체한 지역에서 기업이 창업해 일자리를 제공하도록 인센티브를 통해 장려했다. 그리고 50만 채의 주택을 새로 짓는 데도 장려책을 도입했는데, 이 조치는 절실하게 필요한 주택을 제공할 뿐만 아니라 일자리와 자재 수요를 창출해 경제에 활력을 불어넣었다. 공공 지출의 한 영역에서 삭감한 예산이 다른 영역의 지출 증가에 사용한 사례이기도 하다.

경기 회복을 위한 또 다른 대응

몇 년 뒤, 미국은 경기 부양책으로 전환했다. 대공황이 시작될 당시 대통령은 J. 에드거 후버(J. Edgar Hoover)였다. 그는 불황이 지나가면 경제도 자연스럽게 회복할 것이라고 믿었다. 그는 노동자들에게 '낙수 효과'가 미치기를 기대하면서 정부 공채를 발행해 일부 은행들을 구제하려고 했다. 공화당원이었던 그는 자유시장경제에 대한 확고한 믿음을 갖고 있었고, 정부가 자유시장의 작동에 개입해서는 안 된다고 생각했다.

1932년, 후버는 대통령 선거에서 민주당의 프랭클린 D. 루스벨트에게 패배했다. 1933년 루스벨트가 취임할 무렵에는 모든 은행이 문을 닫은 상태였고, 정부는 공무원들에게 지급할 돈마저 없었다.

루스벨트는 여전히 건전하다고 여겨지는 은행을 안정시키기 위해 긴급 조치를 도입하고 '뉴딜(New Deal) 정책'을 시작했다. 이 정책은 댐이나

루스벨트는 뉴딜 정책을 펼치며 대공황 극복에 나섰고, 라디오 연설을 통해 국민들에게 위기 극복 의지를 전했다.

수력발전소 건설과 같은 대규모 정부 사업을 통해 일자리를 만들어 경제에 활력을 불어넣었으며, 침체된 다른 산업들도 회복할 수 있는 기반이 되었다. 비록 회복이 순조롭지는 않았지만, 상당한 효과가 있었다. 그리고 2차 세계대전이 끝나면서 대공황도 막을 내렸다.

긴축 정책 vs 경기 부양책

2008년에 시작된 경제 위기를 극복하기 위해 각 나라는 다양한 긴축 정책과 경기 부양책을 사용했다. 경제학자들은 어떤 것이 더 효과적인지에 내해 의견이 서로 다르다.

국제통화기금은 긴축 정책이 효과가 없다고 결론 내렸다. 긴축 정책을 채택한 나라들은 경기 부양책을 선택한 나라들보다 더 나쁜 성적을 거두었고, 불황에서 벗어나지도 못했다. 2013년 국제통화기금의 수석 경제학자 올리비에 블랑샤르(Olivier Blanchard)는 영국 정부가 지속해서 긴축 정책을 추진하면서 '불장난'을 하고 있다고 비난했다. 하지만 2015년, 크리스

> '우리가 유일하게 두려워해야 할 것은 두려움 그것뿐이다.'
>
> 프랭클린 D. 루스벨트, 1933년 대통령 취임 연설 중에서

틴 라가르드(Christine Lagarde) 국제통화기금 총재는 영국 당국이 지출 삭감과 세수 증대의 적절한 균형을 제공하는 데 성공했다고 다음과 같이 평가했다. "유럽 여러 나라들의 성장률을 비교해 보면, 영국에서 일어나고 있는 일이 실제로 효과가 있었던 것이 분명하다."

하지만 우리는 어떤 게 옳았는지 결코 알 수 없을 것이다. 다음 해인 2016년, 영국이 유럽연합을 탈퇴하기로 결정하면서 또다시 경제가 혼란에 빠졌기 때문이다. 여기에 더해 2020년에 시작된 팬데믹과 2022년 우크라이나 침공은 이 문제를 더욱 복잡하게 만들었다. 2020년대 초반의 영국 경제는 2008년 이후에 시행된 조치들이 성공했는지 실패했는지 분석하는 것을 거의 불가능하게 만들었다.

20

대형 상점이
사라지는 이유는 뭘까

지난 20년 동안 일부 대형 상점들이 문을 닫았다.
그 상점들이 사라지는 건 단순한 변화일까?
아니면 더 큰 경제적 문제를 예고하는 걸까?

일하는 미국인 17명 중 1명이 소매업에 고용되어 있다(고위 경영진 제외). 1950년에서 1990년 사이에 소매업 부문의 일자리는 전체 고용 증가율보다 50퍼센트나 높게 성장했지만, 1990년 이후의 소매업 일자리 증가율은 다른 부문의 일자리 증가율의 절반 정도에 그쳤다. 세계 다른 나라에서도 비슷한 패턴이 나타난다. 최근까지도 가장 안정적이었던 이 산업에 무슨 일이 일어난 것일까?

농업, 제조업, 소매업의 변화

다른 산업들도 과거에 비슷한 하락세를 겪었다(10장 참조). 기계화가 촉진되고 효율성이 높아지면서 처음에는 농업, 그다음에는 제조업이 노동 감소 대상이 되었다. 1900년대 초에는 미국인의 40퍼센트 이상이 농업 부문에서 일했다. 오늘날 미국은 100년 전보다 더 많은 식량을 생산하지만, 농업에 종사하는 인구는 전체의 2퍼센트도 되지 않는다. 한편, 제조업에는 미국 인구의 약 10퍼센트가 고용되어 있으며, 소매업은 제조업 다음으로 고용 감소에 직면하게 될 경제 부문이 될 것으로 보인다.

온라인 쇼핑의 성장

소매업은 기술 발전과 소비 형태의 변화 속에서 움직인다. 가장 큰 변화 중 하나는 온라인 쇼핑의 성장이다. 온라인 쇼핑은 사람들에게 더 많은 선택권을 주고, 종종 더 낮은 가격을 제시하며, 사람들이 원하는 것을 사기 위해 밖으로 나가야 하는 수고를 덜어 준다.

2023년에 영국에서 이루어진 구매의 25~30퍼센트가 온라인에서 이루어졌고, 그중 금액 기준으로 4분의 1가량이 온라인 소매업체인

> **사람들은 어디에서 일할까**
>
> 미국의 상위 채용 부문(2022년 기준)은 다음과 같다.
> 1. 교육 및 건강 서비스
> 2. 전문직 및 비즈니스 서비스
> 3. 도·소매업
> 4. 제조업
> 5. 레저 및 호텔업

아마존(Amazon)을 통해 이루어졌다. 이 비율은 월별로 차이가 있는데, 특히 크리스마스 시즌에 가장 높았다. 아마존은 2004년에 70억 달러이던 전 세계 매출이 2022년 5140억 달러에 이를 정도로 급속도로 성장했다.

수익성이 높은 소수

'직원 1인당 매출(revenue per employee, RPE)'은 직원이 얼마나 많은 수익을 창출하는지 측정하는 지표로, 총매출을 직원 수로 나눈 값이다. 2022년 아마존 직원의 1인당 매출 비율은 0.333으로, 직원 한 명당 평균 33만 3000달러의 수익을 창출했다. 이 비율은 2013년의 값인 0.635의 절반이지만, 2021년 기록한 최저치인 0.292보다는 증가한 수치다. 같은 해 월마트 직원 1인당 매출 비율은 0.224로, 직원 한 명당 22만 4000달러의 수익을 창출했다. 2013년의 경우, 0.216이었다.

과거에는 소비자들이 가구나 옷, 신발 같은 물건을 직접 살펴보고 구입할 수 있는 매장을 선호했다. 그러나 이제는 달라졌다. 일부 사람들은 실제 매장을 둘러본 뒤에 온라인에서 더 저렴하게 주문하기도 하고, 처음부터 온라인에서 살펴보고 구매한 뒤 마음에 들지 않는 경우 반품하는 방식으로 쇼핑한다. 이러한 쇼핑 방식에 따라 오프라인 매장은 경쟁력을 위해 온라인 매장을 운영하기도 한다.

월마트 효과

전통적인 소매업에 타격을 주는 건 온라인 쇼핑만이 아니다. 이른바 '월마트 효과(Walmart effect)'는 대규모 저가형 소매업체들이 지역 시장에 진출했을 때의 영향을 제대로 보여 준다.

월마트는 미국에 본사를 둔 할인점 및 창고형 소매업체 체인점이다. 월마트가 매장을 열면 그 지역에 사는 저소득층 가정은 식비를

30퍼센트까지 줄일 수 있다. 월마트의 저렴한 가격은 그 지역에 있는 다른 상점들의 가격을 낮추는 데도 도움을 준다. 그들 입장에서는 경쟁에 나설 수밖에 없기 때문이다. 이와 유사한 사례가 영국에서도 나타났다. 알디(Aldi)와 리디(Lidi) 같은 저가 마켓 체인이 기존 일부 마켓의 시장 점유율을 빼앗은 것이다. 알디의 시장 점유율은 2000년 1.5퍼센트에서 2021년 8퍼센트로 증가했고, 리디의 시장 점유율은 1.3퍼센트에서 6.1퍼센트로 증가했다.

셀프서비스 시대

20세기에 이미 쇼핑은 식료품점을 시작으로 셀프서비스가 도입되면서 대대적인 혁명을 겪었다. 20세기의 전반기 동안 대부분의 소비자들은 상점 점원으로부터 직접 서비스를 받았다. 감시받지 않는 상태에서 물건에 손을 댄다는 생각은 상상할 수도 없었다. 고객들은 직원이 다른 고객 응대를 마칠 때까지 끈기 있게 줄을 서서 기다렸다. 그러나 이 방식은 판매량을 제한하기 때문에, 특히 바쁜 시기에는 경제적이지 않았다. 많은 고객을 응대하기 위해 추가로 직원을 고용한다는 것은 손님이 많지 않을 때는 직원들이 일하지 않게 되어 상점이 수익을 얻지 못하고 있음을 의미했다.

1916년 미국의 사업가 클래런스 손더스(Clarence Saunders)가 자신의 첫 번째 셀프서비스 슈퍼마켓인 '피글리 위글리(Piggly Wiggly)'를 열며 셀프서비스 개념을 도입하면서 상황은 달라졌다. 그 개념은 곧 미국 전역과 해외로까지 확산되었다. 셀프서비스는 점원이 계산대에서 계산하고 진열대에 물건을 쌓는 일만 하면 되기 때문에 판매량을 크게 증가시켰다. 1951년까지 영국의 셀프서비스 슈퍼마켓 체인 프리미어(Premier)는 같은 수의 영국의 전통적인 식료품점들에 비해 10배나 많은 판매량을 기록했다.

요즘엔 거의 모든 상점이 셀프서비스로 운영되거나 부분적으로 셀프서비스를 운영한다. 셀프서비스 계산대와 휴대용 스캐닝 장치를 도입하면 직원 수가 감소하게 되어 비용은 더욱 절감된다.

온라인 쇼핑과 오프라인 쇼핑의 경계가 모호해지고 있는 것도 큰 특징이다. 온라인에서 주문한 상품을 가까운 오프라인 매장에서 수령할 수 있고, 매장에서 품절된 상품을 온라인으로 주문할 수 있다. 또한 소비자들은 매장에 서서 휴대폰으로 가격을 비교할 수도 있다.

두 종류의 시장

시내 중심가에서의 쇼핑은 점점 양극화되고 있다. 저가 시장에서는 모든 제품이 저렴하고, 고급품 시장에서는 품질, 독점성, 고객 서비스가 구매 결정에 가장 큰 영향을 미친다.

애플 스토어의 미니멀리즘 스타일은 고객 서비스와 이미지가 무엇보다 중요한 이러한 트렌드를 잘 보여 준다. 애플 스토어의 공간 활용은 효율성을 중시하지 않으며, 색상과 구성이 다른 소수의 제품만 전시된다. 액세서리들은 벽면에 눈에 잘 띄지 않게 배치되어 있고, 매장 공간의 대부분을 비워지게 배치해 사람들이 우아하고 세련된 기술을 숭배할 수 있도록 한다. 직원들은 세심한 서비스와 전문적인 지식을 갖추고 있다.

이와 반대로, 할인점들은 저렴한 가격과 다양한 선택을 우선시한다. 이 집근법은 엉국 슈퍼마켓 체인 테스코(Tesco)의 설립자인 잭 코헨(Jack Cohen)에 의해 처음 시작되었는데, '높게 쌓고 싸게 팔자'라는 그의 슬로건은 의류점 프라이마크(Primark)와 잡화점 파운드랜드(Poundland)에서 채택되었다. 이 매장들은 인기가 많아서 줄이 길고, 매장 안은 시끄럽고 붐비는 경우가 많다.

프라이마크 같은 상점들은 어떻게 그렇게 저렴한 가격에 물건을 팔 수 있을까? 그들은 인건비가 저렴한 여러 지역에서 물건을 생산하지만, 그건 고가의 브랜드들도 마찬가지다. 프라이마크는 자체 브랜드 상품만 판매하기 때문에, 수수료를 가져가는 중개업자가 없다. 또한 그들은 대량 주문을 하기 때문에 규모의 경제를 통해 이득을 본다. 그들의 생산 과정은 매우 효율적이고, 저렴한 원료를 사용하고, 돈이 많이 드는 광고 캠페인을 하지 않고, 매장 공간을 경제적으로 활용한다. 이는 애플 스토어와는 완전히 대조적이다.

흔들리는 중간급 상점과 지역 경제의 위기

오늘날, 일부 중간급 상점들이 위기를 맞고 있다. 바로 경제적 어려움을 겪고 있는 중산층을 주요 고객으로 하는 상점들이다. 반면, 고소득층을 대상으로 하는 고급 소매업체들은 경제 상황에 크게 영향받지 않는다. 가장 부유한 소비자들의 소득은 줄어들지 않고 오히려 증가했기 때문이다.

소득이 감소한 중산층 소비자들은 저렴한 제품을 찾아 저가 시장으로 이동했고, 이에 따라 할인점과 저가 소매업체들의 매출이 증가했다. 그 결과, 고객을 잃은 중간급 상점들은 수익성이 악화되고, 비용 절감을 위해 직원 수를 줄이거나 매장 규모를 축소하고, 결국 문을 닫게 된다.

상점이 문을 닫으면 누가 피해를 볼까? 가장 분명한 점은 그 상점을 소유한 사람과 그곳에서 일하는 사람들이 피해를 본다는 것이다. 소매업 일자리는 상대적으로 임금이 낮고 저숙련 일자리에 속한다.

경제학자들은 이러한 유형의 일자리를 대체 가능한 직업으로 간주한다(12장 참조). 문제는 대체할 일자리가 충분하지 않을 때 생겨난다. 도시 경관에도 영향이 미친다. 문을 닫은 상점과 비어 있는 시설은 마을 중심가와 쇼핑몰에 몰리는 사람들이 줄어든다는 것을 의미한다. 발길이 줄어들면 더 많은 상점이 문을 닫게 되는 악순환이 일어난다.

온라인 소매업자의 등장

온라인 쇼핑은 전통적인 소매업에 큰 타격을 입혔지만, 그것을 이용하려는 사람들에게는 새로운 기회를 열어 주었다. 이제 많은 사람들이 아마존이나 이베이 같은 대형 온라인 쇼핑몰이나 엣시(Etsy), 빈티드(Vinted)와 같은 더 전문화된 사이트를 통해 집에서 상품과 서비스를 판매하고 있다.

집에서 일할 때 발생하는 초기 비용과 연간 고정비는 전통적인 상점을 열어 운영하는 것에 비해 아주 적다. 사업이 실패할 경우 파산 위험이 높은 고액의 대출을 받을 필요가 적기 때문에 많은 사람들이 자기 사업을 시작하는 데 더 큰 자신감이 생긴다. 온라인 쇼핑은 또한 택배 및 배달 서비스 일자리도 제공한다.

주식 시장은 어떻게 작동할까

주식 시장은 국가 경제의 중심에 있다.
그런데 주식 시장은 어떻게 작동하며,
국가 경제에 어떤 영향을 미치는 걸까?

주식 시장은 개인이나 기관이 기업의 일부를 사고팔 수 있도록 해 준다. 이러한 기업의 일부를 주식 또는 지분이라고 하며, 이를 보유한 사람은 회사 운영에 대한 발언권을 가지거나 배당금을 받을 권리가 있다. 배당금이란 기업이 벌어들인 이익의 일부를 주주에게 분배해 주는 돈이다.

회사 나누어 가지기

당신이 대형 연을 제조하는 사업을 시작하고 싶어 한다고 가정해 보자. 회사를 세우려면 다음과 같은 비용이 발생할 것이다.

- 사업장을 임대하는 비용
- 원료 및 공정에 필요한 재료를 조달하는 비용
- 직원 채용과 급여 지급에 드는 비용
- 마케팅 비용
- 연의 유통 및 배송에 드는 비용
- 회사 운영(관리, 회계 등) 비용
- 세금 납부를 비롯해 직원과 관련된 비용(연금 기여금, 건강보험, 병가 급여, 복지비 등)

당신은 사업을 소규모로 시작했다가 주문이 늘어나면 직원을 더 고용할 수 있다. 아니면 야심차게 투자 자본을 모아 사업을 크게 시작할 수도 있다. 두 번째 방법을 선택한다면 친구나 가족, 또는 은행에서 돈을 빌리거나 회사 주식을 대가로 돈을 줄 외부 투자자를 찾아야 한다. 어떤 사업은 대규모로만 시작할 수 있으며, 이 경우 반드시 투자 자본이 필요하다. 만약 당신이 연을 만드는 대신 비행기를 제작하거나 통신회사를 시작하고자 한다면 당신이 가진 돈이나 은행 대출만으로는 사업 자금을 조달하기 어려울 것이다.

투자자는 사업이 수익을 창출해 투자 수익을 얻을 수 있다고 확신할 때만 자금을 투자할 것이다. 또한 투자자는 사업이 잘못 운영되어 투자금을 잃는 위험을 줄이기 위해 회사 운영에 대한 발언권을 가지려 할 수도 있다. 투자자들이 회사 주식을 사는 이유는 수익에 대한 권리를 확보하고 사업 운영에 영향력을 행사하기 위해서다.

주식과 지분

기업의 총자본(자산)은 회사가 청산될 경우 소유자들이 나눠 가질 수 있는 것으로, 주식 또는 주식 자본(capital stock)이라고 불린다. 투자자에게 판매된 회사의 일부분은 지분(share)이라고 한다.

주식의 종류는 다양하다. 보통주는 소유자에게 회사의 운영에 대한 발언권을 부여하고, 매년 배당금을 지급하며, 자산의 일부를 소유할 수 있는 권한을 제공한다. 어떤 기업이 주식을 1000주 발행했다면 100주를 산 사람은 그 회사의 10퍼센트를 소유하게 된다. 또한 그 사람은 회사 정책과 계획을 논의하는 주주총회에서 10퍼센트의 투표권을 가지게 되고, 배분되는 이익의 10퍼센트를 얻으며, 회사

자산의 10퍼센트에 대해 청구할 권리를 갖게 된다.

우선주라고 불리는 또 다른 유형의 주식은 의결권은 없지만, 더 높은 배당금을 지급받고 자산에 대해 우선적 청구권을 가진다. 만약 회사가 파산해 청산 절차에 들어가면, 우선주 주주는 보통주 주주보다 먼저 그들의 몫을 받게 된다. 결국, 보통주와 우선주 주주 모두가 회사를 공동으로 소유하게 된다.

투자 자본 확보

회사가 투자 자본이 필요한 시점은 창업할 때만이 아니다. 만약 연제조 사업이 성공적으로 진행된다면 당신은 더 큰 부지로 이전하거나 새로운 기계를 주문하고 싶어질 것이다. 이 경우 당신은 주식을 팔아 자금을 조달할 수 있다. 이때 새로운 주주는 자산에 대한 권리, 배당금에 대한 권리, 그리고 이사회에서 투표할 권리를 갖게 될 것이다.

신주를 발행하려면 기존 주주들의 동의를 얻어야 한다. 이는 새로운 주식 발행이 기존 주식의 가치를 떨어뜨릴 수 있기 때문이다. 기존 주주들에게는 우선매수권이 종종 부여되는데, 우선매수권은 새로운 주식이 다른 사람에게 제공되기 전에 우선적으로 구매할 수 있는 권리를 말한다. 더 많은 주식을 발행하는 것이 현명하지 못한 것처럼 보일 수 있지만, 장기적으로는 회사의 수익성을 높여 모든 주주가 이익을 볼 수 있도록 하기 위한 것이다(적어도 기본적인 목적은 그렇다).

비상장회사와 상장회사

당신의 연 제조 회사는 비상장 유한회사로 시작할 수 있다. 이는 회사 주식이 공개 시장에서 거래되지는 않지만, 당신이 선택한 사람들에게 주식을 제공할 수 있다는 의미다. 주식 매각을 제한할 수 있기 때문에, 주주가 일방적으로 자신의 주식을 아무에게나 매도할 수는 없다. 이런 방식은 투자자의 범위를 좁히지만, 회사를 쉽게 통제할 수 있다는 장점이 있다.

   대기업은 상장 유한회사인 경우가 많다. 그 기업들의 주식은 공개 시장에서 거래되며, 해당 주식 시장에 상장된다. 누구나 주식을 살 수 있다. 이는 원래의 소유주가 전체 주식의 최소 51퍼센트를 보유하지 않으면, 다른 주주들이 연합해 주주총회에서 반대표를 던짐으로써 회사에 대한 지배력을 잃을 수도 있다는 걸 의미한다. 주주들은 회사가 취하는 방침을 감독한다. 때로는 회사 설립자조차도 주주들의 단결된 행동에 의해 해임되기도 한다.

주식 매매

주식이 주식 시장에 상장되면 공개적으로 거래가 가능하다. 이는 증권 중개인과 투자자들이 그 주식을 사고팔 수 있다는 의미다. 주식의 매도 가격은 기업의 재무 건전성을 나타내는 지표다. 당신의 연 제조 회사의 주식이 처음에 1주당 10달러에 팔렸다고 가정해 보자. 회사는 순조롭게 출발해 연말에 자본(주식) 가치가 20퍼센트 증가했다면 이는 각 주식의 가치도 20퍼센트 상승했다는 것을 의미한다. 이 경우 주식을 팔고자 하는 사람은 1주당 12달러를 받을 수 있을 것이다. 1년 투자로 꽤 훌륭한 수익이다. 그러나 주식은 위험한 투자이기도 하다. 회사 사업이 부진해 가치가 하락하면 주식 가치는 살 때 지불한 가격보다 낮아질 수 있다. 이 때문에 주식은 장기 투자로 접근해야 한다.

회사가 기본적으로 건전하다면 단기적인 주가 변동은 크게 신경 쓰지 않아도 된다. 시간이 지남에 따라 주식 가치가 상승할 것이기 때문이다. 이것이 주식 매매에 대한 전통적인 태도지만, 현재의 주식 시장에는 여러 유형의 투자자들이 존재하며, 그들 중 일부는 매우 단기적인 목표를 추구하고 있다.

주식 가격의 순환

주식 가치는 주식이 거래되는 가격에도 영향을 받는다. 이것은 순환 논증처럼 보이는데, 실제로도 그렇다. 만약 어떤 기업이 잘되고 있다고 여겨지면 그 기업의 주식에 대한 수요가 증가해 주식 가격이 오르게 된다. 반대로 그 기업이 부진하다고 판단되면 주식 가격은 떨어지고 불안한 투자자들은 주식을 팔게 된다. 이로 인해 시장이 주식이 넘치고 수요는 줄어들어 주식 가격은 더 떨어지게 된다.

주가가 낮은 시점에 투기꾼들이 주식을 대량으로 사들일 수도 있다. 투기꾼들은 그 기업이 회복될 것이라고 예상하거나, 주식을 많이 사들여서 그 기업이 나아갈 방향에 영향을 미쳐 다시 수익을 내게 만들 수 있다고 판단할 때 그렇게 행동한다.

주식 투자와 리스크

주가는 실적 발표뿐만 아니라 다른 요인에도 영향받는다. 예를 들어, 어떤 제약 회사가 흔한 질병을 예방하는 신약을 발표하면 주가가 상승할 것이다. 그러나 안전성 문제로 약물 승인이 철회되면 주가는 하락할 것이다. 경쟁사가 더 성공적인 제품을 출시하는 경우에도 주가는 떨어질 수 있다. 주가 하락은 신제품이 시장에 출시되기 전에도 발생할 수 있는데, 이는 모두 신뢰와 기대감의 문제에서 비롯된다. 기업들이 성공적인 대외 이미지를 유지하는 데 많은 노력을 기울이는 것도 바로 이러한 이유 때문이다.

때로는 기업이 일상적인 기준에서는 정상적으로 운영되는 것처럼 보여도 주식 시장에서의 부진한 실적으로 위기에 처할 수 있다. 주가가 너무 낮아지면 은행은 대출이나 당좌대월을 허용하지 않게 되고, 원자재 공급업체는 외상 거래를 거부하며, 고객은 주문이 제대로 이행되지 않을 것을 우려하게 된다.

주주들은 좋은 수익률을 기대하며 자본(투자금)을 내건다. 그들이 받는 배당금과 주식 가치 상승은 투자한 돈을 잃을 수 있는 위험에 대한 보상이다. 이는 노동자가 노동에 대한 대가로 받는 돈과는 다르다. 노동자에게 자본 수익은 아무런 노력 없이 거저 얻는 돈처럼 보일 수 있다. 몇 주나 며칠, 심지어 몇 시간 동안만 주식을 보유한 뒤 다시 파는 방법을 통해, 노동자가 1년 동안 벌어들이는 돈보다 더 많은 돈을 벌기도 한다.

성공적으로 주식을 거래하는 사람들은 어떤 주식이 잘될지를 예

> **강세장과 약세장**
>
> 경기가 좋을 때, 다시 말하면 GDP가 높고 경제가 활발하게 움직일 때, 경제학자들은 이를 강세장(bull market, 불마켓)이라고 한다. 반대로, 실업이 발생하고 GDP가 하락하며 주가가 떨어지는 경기 침체기를 약세장(bear market, 베어마켓)이라고 한다. 마찬가지로 개인 투자자가 '황소형'일 경우에는 낙관적이고 투자 의향이 있는 상태를 뜻하며, '곰형'일 경우는 비관적이고 투자 의향이 없는 상태를 나타낸다.

측하고, 최적의 시기에 주식을 사고파는 재능을 가진 사람들이다. 그들은 주식 시장에 대해 배우는 데 시간을 투자했지만, 그 회사 제품의 가치를 더하는 데는 아무런 기여를 하지 않았다. 한 기업의 주가가 조금 오르느냐 내리느냐는 시장에서 그 기업 제품이 거두는 성과에 거의 영향을 미치지 않는다. 그러나 주가의 큰 변화는 종종 제품의 실제 가치와는 무관하게 시장 성과에 영향을 미칠 수 있다.

투기와 금융 상품의 변화

1960년대까지만 해도 대부분의 투자자들은 주식을 사고팔아 수익을 내기보다는 배당금을 받기 위해 주식을 사들였다. 그러나 이후 사람들은 자본 그 자체에서 이익을 얻기 위해 주식을 사고팔기 시작했다. 이에 대해 주식을 팔아서 얻는 것이 무엇이든 그것이 주식의 진정한 가치이기 때문에 실제로 이런 행위는 투기가 아니라는 주장이 나왔고, 그 후 금융기관들은 점점 다양하고 복잡한 금융 상품을 투자자들에게 제공하기 시작했다.

대표적인 금융 상품은 파생 상품으로, 기초 자산의 가치에 기반해 그 가치가 결정된다. 1990년대에 금융 상품이 크게 늘면서, 이러한 상품들은 그 기반이 되는 실제 기업과의 관계가 점점 멀어졌다. 거래되는 '상품'은 종종 생산적인 자산, 즉 호텔이나 출판사를 비롯해 진정한 서비스나 상품을 판매하는 기업들의 주식과는 연관이 거의 없었다. 금융 상품은 지나치게 많아졌고, 이를 뒷받침할 기초 자산으로는 더는 감당할 수 없을 상황에 이르렀다. 2007년 세계 GDP는 65조 6000억 달러였지만, 금융 자산 시장의 가치는 900조 달러에 달했다. 금융 부문은 이제 기반이 되었던 산업들과는 사실상 독립된 상태가 되었다.

투기는 상품과 서비스의 가격을 상승시킨다. 세계은행은 2010년에 전 세계적으로 4400만 명의 사람들이 높은 식품 가격 때문에 빈곤층으로 내몰렸다고 추정했다. 이는 부분적으로 투기꾼들이 기초 원자재 가격 상승을 부추긴 결과였다.

증가하는 기생 구조

오늘날 금융 시장은 실제 상품이나 서비스와는 아무런 관련이 없는 점점 더 난해한 상품들로 가득 차게 되었다. 여기에는 '선물(미래의 특정 날짜에 정해진 가격으로 상품을 구매하는 조건으로 매매 계약을 하는 거래 종목)'을 사고파는 행위와 함께, 보험 리스크를 패키지화해 재판매하는 행위가 포함되어 있다. 일부 경제학자들, 심지어 과거 금융업 종사자들까지도 금융 산업을 '기생적' 구조라고 부르고 있다.

원조는 도움이 될까, 방해가 될까

해외 원조는 필요한 지원일까?
아니면 부작용을 초래하는 문제일까?
여전히 논쟁이 이어지는 주제다.

일부 사람들은 국내에도 도움이 필요한 사람들이 많이 있는데, 다른 나라에 굳이 원조를 해야 하는지 의문을 제기한다. 단순한 선의로 시작된 해외 원조가 실제로 어떤 변화를 만들어 내고 있는지에 대해서도 회의적인 시선이 있다. 원조금이 개발도상국의 빈곤 해소에 기여하고 있는지, 아니면 그곳 사람들의 자립을 막아 상황을 더 악화시키는 건 아닌지에 대한 논의가 계속되고 있다.

선진국의 공적개발원조 목표

유엔이 선진국을 대상으로 설정한 목표는 각 국가가 자국 국민총소득(GNI)의 0.7퍼센트를 저개발국에 대한 공적개발원조(ODA)로 지출하는 것이다. 2019년에는 스웨덴, 노르웨이, 룩셈부르크가 약 1퍼센트를 기부해 목표치를 초과 달성했으며, 덴마크는 목표치를 달성했다. 영국은 목표치의 0.5퍼센트, 미국은 0.16퍼센트만 기부했다.

긴급 구호 및 기타 원조

원조는 단기적 혹은 장기적 목표에 할당될 수 있다. 한 나라가 독립적으로 제공하거나, 여러 나라가 공동으로 제공할 수 있으며, 개인이 자선단체를 통해 기부하는 방식으로도 이루어질 수 있다. 또한 조건을 붙여 원조를 제공할 수도, 조건 없이 제공할 수도 있다.

긴급 구호는 지진, 홍수, 기근 등 갑작스러운 재해의 직접적인 영향을 완화하기 위해 구조 작업과 비상식량, 피난처, 의약품 등을 제공하는 것을 말하며, 종종 개인의 기부를 포함한 자선 기부에 의해 공급된다. 국제적십자사나 국경없는의사회(Médecins Sans Frontières) 같은 국제 원조 단체들이 긴급 구호를 진행하며, 여러 나라의 정부

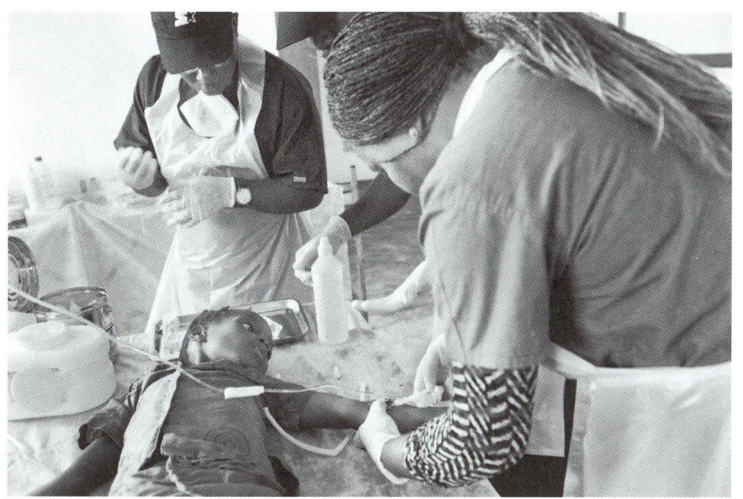

기근이나 자연재해 등으로 고통받는 이들에게 필요한 긴급 의료 지원은 국제 원조 단체와 자선 기부를 통해 이루어진다.

가 금전적으로, 혹은 식량, 의약품, 장비, 전문 인력을 제공하는 방식으로 기여한다.

장기적인 개발 원조는 한 나라의 생활 수준을 서서히 높이기 위해 제공된다. 그것은 긴급 구호 이후에 후속적으로 이루어지거나 장기간의 환경, 사회 및 정치적 문제로 빈곤해진 국가를 돕는 데 사용될 수 있다. 장기적인 개발 원조는 국민과 국가 경제가 지속 가능한 성장과 발전을 이룰 수 있도록 교육, 의료, 사회 기반 시설 및 기타 기본 서비스를 개선하는 것을 목표로 한다.

한 나라가 다른 나라에 원조를 직접 제공하는 것을 '일방적 원조(unilateral aid)'라고 하며, 유엔과 같은 국제기구가 제공하는 원조를 '다자간 원조(multilateral aid)'라고 한다. 원조는 금전적인 것일 수도 있고, 보급품이나 전문 지식의 형태로 제공될 수도 있다.

조건부 원조와 무조건부 원조

아무런 조건 없이 공짜로 주는 원조를 무상 원조라고 한다. 하지만 원조는 조건이 붙는 '조건부 원조'의 형태로 제공되는 경우가 더 흔하다. 예를 들어, 댐이나 철도를 건설하는 개발 자금을 제공할 때 해당 건설 계약을 원조국에 본부를 둔 기업과 해야 하는 조건이 붙을 수 있다. 원조를 받는 국가는 사회 기반 시설(새로운 댐이나 철도 등)로 이득을 얻고, 원조하는 나라는 참여 기업을 통한 고용 증대와 세수 증가로 이득을 얻는다. 이러한 프로젝트는 대개 현지 노동자를 고용하고 원자재 역시 그 지역에서 공급받을 수 있어, 지역 경제에 추가적인 자금이 유입되는 효과도 발생한다.

이러한 형태의 원조는 단기적으로 현지 고용과 교역 기회가 증가해 지역 사회에 이익을 줄 수 있으며, 장기적으로는 사회 기반 시설을 개선함으로써 도움을 주게 된다. 그러나 이런 식의 원조는 신중하게 관리하지 않을 경우, 지역 경제의 균형이 무너질 수 있으며, 물가 상승이나 물품 부족 현상까지 초래할 수 있다. 또한 원조국에 본부를 둔 도급업체를 쓴다는 조건으로 인해 가격 경쟁력이나 건설 공사가 실행되는 방식에 있어서 선택이 제한되기도 한다.

원조의 목적

원조의 궁극적인 목표는 세계에서 가장 가난한 사람들의 생활 수준을 높이고, 이를 지속 가능한 방식으로 이루는 것에 있다. 단순히 배고픈 사람들에게 먹을 것을 주고, 허리케인으로 집을 잃은 사람들에게 텐트를 주는 긴급 구호를 넘어서, 아무도 빈곤에 시달리지 않고 공동체 전체가 자립적이고 지속 가능한 경제를 구축할 수 있도록 돕는 것이다. 이는 물론 어려운 과제다. 세계 최빈곤 지역 사회는 척박한 토지, 혹독한 기후, 부족한 천연자원, 정치적 혼란, 억압과 전쟁 등 극복하기 어려운 문제들과 싸우고 있다. 이러한 환경에서는 번영하는 경제를 구축하기가 쉽지 않다.

   가난한 경제를 건강한 경제로 바꿔 주는 마법 같은 해결책은 없다. 그러나 교육, 백신 프로그램, 의료 서비스, 깨끗한 물 공급, 도로와 같은 필수적인 사회 기반 시설에 대한 자금 후원 등 지역 사회에 더 희망찬 미래를 제시할 수 있는 장기적인 조치들이 많다. 이러한 개발을 위한 자금 지원(또는 전문 지식의 대여)은 단기적 빈곤을 경감시키는 게 불가능할 수도 있지만, 미래에 대한 더 나은 전망을 구축하는 데 기여할 것이다. 하지만 원조의 효과에 대한 경제학자들의 의견은 여전히 분분하다.

돈을 기부하는 이유

해외 원조에 대해서 모든 사람이 찬성하는 것은 아니다. 대부분의 사람들은 자기가 세금으로 낸 돈이 자신의 나라에서 자국민의 이익을 위해 사용되기를 바란다. 그러나 개발도상국의 빈곤층을 지원해야 하는 경제적이고 정치적인 타당한 이유가 존재한다.

장기적인 개발 원조가 효과를 거둔다면 우리 모두에게 더 나은 세상을 만들어 줄 것이다. 옥스퍼드대학교의 경제학자 폴 콜리어(Paul Collier)는 원조가 첫 번째로는 동정심에 의해, 두 번째로는 '계몽된 자기 이익(enlightened self-interest)'에서 출발해야 한다고 말한다. 우리가 불우한 사람들에게 느끼는 동정심이 우리를 행동하게 만들고, 계몽된 자기 이익은 원조 프로그램 개발이라는 문제의 과정에 들어갔을 때 우리에게 계속 동기를 갖게 만든다. 예를 들어, 계몽된 자기 이익은 사람들이 자기 나라에서 일자리를 찾을 수 있다면 경제적 이주민들이 줄어들 것이라거나, 개발도상국 경제가 성장하면 나중에 중요한 고객층이 될 수 있다는 것을 깨닫는 방식으로 나타날 수 있다.

또한 각국이 자원을 효율적으로 사용하면 글로벌 생산성이 증가하고, 그 혜택은 전 세계가 공유할 수 있다. 반면, 가난한 사람들이

> ### 밀레니엄 빌리지 프로젝트
>
> 미국 컬럼비아대학교 지구연구소(Earth Institute) 소장인 경제학자 제프리 삭스(Jeffrey Sachs)는 아프리카 마을에 지속 가능한 원조 프로그램을 제공하기 위한 밀레니엄 빌리지 프로젝트(Millennium Villages Project)를 2015년까지 진행했다. 이 프로젝트는 교육, 의료, 지속 가능한 지역 산업, 지속 가능한 농업의 발전을 지원했다. 사람들이 자립적으로 사업을 시작하고, 집과 화장실을 짓는 데 도움을 주었으며, 변화가 지속되고 영속될 수 있도록 장기적인 훈련에 중점을 두었다.
>
> 마을 주민 1인당 연간 110달러의 예산이 5년 동안 지원되었고, 이 예산으로 비료와 다수확 종자, 깨끗한 물, 기본적인 의료 및 교육, 모기장, 외부와의 통신 연결을 제공했다. 이 프로젝트에 포함된 마을은 농업 생산성이 350퍼센트까지 증가했다. 또한 삭스는 그가 '임상 경제학(clinical economics)'이라고 부르는 프로그램을 추진함으로써 한 공동체의 요구를 진단한 뒤 맞춤형 원조 프로그램을 개발할 수 있도록 장려했다. 삭스는 필요한 것이 아주 다른 러시아, 폴란드, 볼리비아에 대한 원조 방식에 대해서도 자문을 제공하기도 했다.

절망에 빠져 희망을 잃는다면 그들은 극단주의 단체에 가입하거나 군사적 갈등을 통해 지역을 불안정하게 만들 수 있는 억압적인 독재자를 지지할 가능성이 커진다. 일부는 아편 거래를 위해 양귀비를 재배할 수도 있고, 난민이나 망명자, 경제적 이주자 신세가 될 수도 있다. 하지만 자신의 나라에서 지속 가능한 생계를 유지할 수 있다면 사람들은 자국에 남을 것이다.

따라서 효과적인 원조는 단순한 인도적 차원을 넘어 세계의 안정과 경제적 발전에도 기여하는 중요한 수단이 될 수 있다.

하향식 원조와 상향식 원조

원조에는 '하향식 원조'와 '상향식 원조'라는 두 가지 일반적인 접근 방식이 있다.

하향식 원조는 개발도상국 정부에 재정적 도움이나 기타 도움을 제공해, 이를 통해 가장 필요한 사람들에게 원조가 분배되도록 하는 것에 초점을 맞춘다. 이러한 방식의 원조는 사용 방법에 대한 제한 조건이 붙기도 한다. 금융 원조는 저금리 대출이나 부채 탕감 형태로 제공될 수 있다. 원조가 실용적인 형태로 제공될 경우, 즉 장비나 식량 또는 전문 인력 제공과 같은 경우에는 원조의 사용 방법에 제한을 둘 수도 있다.

상향식 원조는 대부분 기부자가 관리하며, 가장 가난한 사람들에게 직접 전달된다. 국제적십자사가 우간다에 모기장을 나눠 주는 방

공동체를 일으키는 여성 농부들

옥스팜의 연구에 따르면, 개발도상국에서 원조를 가장 효과적으로 사용하는 방법 중 하나는 여성들이 운영하는 독립된 농장 공동체를 세우는 것이다. 이 농장에서는 구역별로 나눈 토지를 여성들이 경작하고, 생산물을 한데 모아 공개 시장이나 공정거래 협정을 통해 판매한다. 이 방식으로 여성들에게 전달된 돈은 남성 공동체나 부족 지도자를 통해 전달되는 것보다 더 높은 농작물 수확량과 높은 시장 가격을 이끌어냈고, 지역 경제 발전에 큰 변화를 가져왔다. 특히 어린이들에게 큰 혜택이 주어졌다.

식이 바로 그러한 예다. 상향식 원조는 한 국가 내의 공식적인 배급 경로와 네트워크를 통해 이루어지지 않기 때문에, 전쟁이나 재난으로 교통 기반 시설이 붕괴된 지역의 주민들에게 도움을 주는 유일한 방법이 될 수 있다.

일반적으로, 액수가 더 큰 경우는 하향식 원조로 제공되지만, 원조금의 사용에 더 많은 제약이 가해진다.

원조는 효과가 있을까

원조 프로그램의 효과 여부는 최고의 경제 전문가들도 논쟁을 벌이는 문제다. 그들이 제기하는 비판적인 의견들은 다음과 같다.

- 원조는 종종 의도된 목적에서 벗어나거나 잘못된 방향으로 사용되어, 원조 수혜국의 지배 엘리트층과 범죄 집단이 부를 축적하게 된다.
- 원조는 지역 사회가 지속 가능한 경제를 발전시키는 대신 의존적인 문화를 조성할 수 있다.
- 원조가 억압적이고 비민주적이거나 부패한 정권을 지원하게 되어 사회가 공정한 형태의 정부를 채택하는 것을 방해할 수 있다.
- 원조가 농촌 경제에 싼 상품이나 공짜 상품이 넘쳐나게 만들어, 그 지역에서

생산물을 생산 판매하는 것이 비경제적인 것이 될 정도로 지역 시장을 교란하거나 파괴할 수 있다.
- 원조가 잘못 지정되거나 부적절할 수 있다. 예를 들어, 식습관과 관련된 이유나 사회적인 이유로 인해 인정받지 못하거나 받아들일 수 없는 식품을 원조하면 낭비가 될 수 있다.

세계은행

국제통화기금과 세계은행은 1944년 브레튼우즈 회의(Bretton Woods Conference)에서 탄생했다. 이 회의를 비롯해 회의 결과로 설립된 기관들의 목적은 2차 세계대전 이후의 국제 금융을 규제하고, 전후 회복을 돕는 것이었다. 세계은행의 목표는 외국인 투자와 국제 무역의 촉진을 통해 빈곤을 근본적으로 줄이는 것이다.

원조는 오히려 상황을 악화시킬까

미국의 경제학자 윌리엄 이스털리(William Easterly)는 하향식 원조에 대해 많은 비판을 해 왔다. 그는 특히 부채 탕감의 효과에 대해서는 더욱 부정적이다. 빚을 탕감해 주는 것이 가난한 사람들을 돕는 것이 아니라, 부유한 지배 엘리트들만 이득을 볼 가능성이 크다고 주

전통적인 원조 방식, 과연 효과적일까

학교 건립과 같은 전통적인 형태의 몇몇 원조 활동은 현재 면밀히 재검토되고 있다. 교육 부족의 근본 원인이 학교 건물이 없어서인 것만은 아니며, 아이들이 학교가 있는데도 다니지 않거나, 교사들 수준이 낮아서, 혹은 교사들이 없기 때문일 수 있다.

한 연구에 따르면, 케냐에서는 어린이들의 기생충 감염 치료에 50센트를 쓰는 것이 새로운 학교를 짓는 것보다 학교 출석률을 더 효과적으로 끌어올렸다. 이는 기생충에 감염된 어린이들이 학교에 다니지 못할 정도로 건강하지 못했기 때문이었다. 학교를 짓는 데 드는 비용은 한 지역 사회의 모든 어린이를 치료하는 데 드는 비용의 25배에 달했다.

멕시코에서는 자녀가 학교에 다니면 부모에게 보조금을 지급했다. 자녀들이 돈을 벌지 못하는 것에 대해 부모가 보상을 받으면서 어린이들의 출석률이 85퍼센트 증가하는 결과로 이어졌다.

장한다. 이 엘리트들은 대부분 그 돈을 경제적으로 발전된 다른 나라에서 소비하며, 이는 빈곤층에게 혜택이 돌아가는 낙수 효과(9장 참조)를 만들어 내지 못한다고 지적한다. 그는 또한 부채 탕감이 지출을 증가시키는 요인이 될 뿐 아니라 수혜국 통치자들이 미래의 부채도 탕감될 것이라고 믿고 추가적인 차입을 유발할 가능성이 높다고 주장한다. 이는 대출을 성실하게 상환하는 나라에 불공평한 결과를 불러올 수 있다.

또한, 이스털리는 가난한 나라들의 자립을 부정하거나 최소화하는 원조 문화에 대해서도 비판한다. 그는 스스로 '자유 개발(free development)'이라고 이름 붙인 접근법을 선호하는데, 이 접근 방식은 개발도상국 사람들의 필요와 권리, 욕구를 최우선으로 하고, 빈곤에서 벗어나 스스로 문제를 해결할 수 있는 능력에 중점을 둔다.

영리한 원조

윌리엄 이스털리가 하향식 원조에 대해 의구심을 표명하고, 제프리 삭스가 밀레니엄 빌리지 프로젝트를 통해 집중적인 개입을 지지한 반면에, MIT의 경제학 교수인 에스더 두플로(Esther Duflo)는 중도적인 접근법을 옹호한다. 두플로는 '스마트 원조(smart aid)'를 통해 원조에 대한 신중한 평가와 목표 설정을 권장한다. 원조 실패의 주요 원인으로 이념과 무지, 타성을 지적하는 두플로의 접근 방식은 모기장 배급이나 교육 보조금 제공과 같은 원조 사업을 무작위적이면서도 적절한 조절을 가하며 실시한다. 이러한 실험을 통해 효과적인 개입과 비효과적인 개입을 파악할 수 있어, 원조 예산을 가장 효율적으로 사용할 수 있게 된다.

빈곤층의 비율 변화

20세기 중반, 세계 인구 중 약 10억 명은 비교적 풍요로운 생활을 했으며, 나머지 15억 명은 빈곤 속에서 살았다. 이후 중국과 인도 등 과거에 매우 가난했던 많은 국가들이 경제적으로 크게 성장하면서 상황은 역전되었다.

현재는 전 세계 인구의 대부분이 비교적 번영하는 나라에 살고 있으며, 최악의 조건에서 사는 사람들은 약 7억 명에 불과하다. 하지만 이 사람들의 생활 수준은 지

> '지구상에는 사람들이 가난 때문에 죽어 가는 것을 쉽게 막을 수 있는 충분한 자원이 있다. 그것은 아주 기본적인 진실이다.'
>
> 제프리 삭스 컬럼비아대학교 지구연구소 소장

난 50년 동안 계속 악화되었다. 2019년에는 세계 인구의 8.4퍼센트가 극심한 빈곤 상태에서 살았는데, 코로나19 팬데믹으로 인해 그 수는 더 늘어났다. 이후 전쟁과 경제적 어려움이 지속되면서 빈곤율 감소는 더디게 진행되고 있다.

23
다국적 기업은 어떻게 세금을 피할까

세금 포탈(탈세)은 범죄지만,
조세 회피는 범죄가 아니다. 그리고 세계화는
조세 회피를 쉽게 만들어 준다.

2012년, 구글과 스타벅스, 아마존 등 주요 다국적 기업들이 영업해 오던 일부 국가에서 세금을 거의 내지 않거나 전혀 내지 않고 있다는 사실이 드러나면서 대중의 분노를 샀다.

다국적 기업의 조세 전략

문제가 된 기업들은 많은 사업을 하고 있었지만, 수익을 내지 못했으므로 법인세를 낼 필요가 없다고 주장했다. 그중 스타벅스는 수년 동안 영국에서 적자를 보고 있다고 발표하면서도 투자자들에게는 영국 지사가 수익성이 좋다고 알리고 있었다. 이러한 조세 회피 사실에 영국 소비자들은 항의했고, 불매운동으로도 이어졌다. 아마존은 불매운동에 뻔뻔스럽게 맞서 나갔고, 구글은 광범위하게 사용되는 서비스라 불매운동이 쉽지 않았다.

상대적으로 불매운동의 표적이 되기 쉬웠던 스타벅스만이 비판을 잠재우기 위해 대응에 나섰다. 스타벅스는 잘못한 게 없다고 주장하면서도 영국 국세청에 2000만 파운드를 납부하는 데 동의했다. 그러나 2000만 파운드는 너무나도 적은 액수였다. 스타벅스는 영국에 매장을 연 1998년부터 2012년까지 30억 파운드의 매출을 올렸음에도 법인세로 낸 금액은 고작 860만 파운드에 불과했다. 매년 영업 손실을 보고 있다며 2017년까지는 수익을 내지 못할 것이라고도 주장했다.

수백 개나 되는 커피 매장을 가진 회사가 왜 수익을 내지 못하는지 의아할 것이다. 그렇게 많은 커피 매장을 운영하면서 수익을 내지 못한다면 그 회사는 커피 사업을 할 능력이 없는 것일 수도 있다. 하지만 분명히 스타벅스는 커피 사업을 꽤 잘하고 있었고, 법을 어기지도 않았다. 그렇다면 어떻게 이런 일이 가능했을까?

조세 회피의 기술: 가격 책정

다국적 기업은 사업 구조를 조정해 서류상으로 세율을 가장 낮게 부과하는 지역에서 대부분의 수익을 올리는 것처럼 만들 수 있다. 이 지역은 벨기에와 같은 합법적인 국가일 수도 있고, 케이맨 제도와 같은 조세 피난처일 수도 있다.

퀵벅(Quickbuck)이라는 가상의 사업체가 유럽 전역에 매장을 열었다고 가정해 보자. 일부 유럽 국가들은 다른 나라에 비해 법인세율이 훨씬 낮다. 영국의 2012년 법인세율은 24퍼센트였는데, 아일랜드 공화국은 12.5퍼센트였다. 따라서 영국보다는 아일랜드에서 수익을 내는 것이 퀵벅에 유리하다. 그러나 아일랜드는 다른 유럽 국가들보다 작기 때문에 퀵벅이 아일랜드에 매장을 많이 연다고 해도, 유럽에서 낼 수 있는 수익의 대부분을 그곳에서 낼 수는 없을 것이다. 그래서 퀵벅은 '이전가격(transfer pricing)'이라 불리는 교묘한 수법을 사용한다. 이 수법은 세금이 낮은 국가에 있는 법인이 자기 회사에 상품을 팔거나 라이선스를 주는 형태로 이루어진다. 이때 가격은 엄청나게 부풀려져 책정된다.

예를 들어, 퀵벅은 자사 로고를 아일랜드에 등록하고, 다른 유럽 국가에 있는 모든 자회사가 이 로고를 사용하게 하도록 하는데 이때 엄청나게 높은 비용을 지불하게 한다. 그런 다음 퀵벅은 유럽의 모든 매장에서 특정한 가격표 부착기를 사용하도록 강제한다. 퀵벅은 지역 공급자에게서 50파운드에 구입할 수 있는 가격표 부착기를 각 매장에 개당 1만 파운드에 판다.

이런 방식으로 다른 유럽 매장들이 올린 실제 수익은 점점 줄어들고, 그 돈은 아일랜드의 퀵벅 본사로 흘러 들어간다. 그곳에서는 12.5퍼센트의 낮은 세금만 부과된다.

조세 회피와 기업 경쟁력

퀵벅의 행위는 다른 유럽 국가들이 이를 규제하지 않기 때문에 불법은 아니다. 실제로 일본을 비롯한 일부 국가들은 과거에 이전가격 책정을 막기 위해 엄격한 규제를 시행하기도 했다. 그렇다면 퀵벅이 아무런 잘못이 없다고 할 수 있을까?

퀵벅의 행위가 잘못되었다고 하는 이유는 퀵벅이 납세자의 세금으로 조성된 공공재와 서비스로부터 혜택을 받고 있지만, 어떤 식으로든 기여하고 있지 않기 때문이다. 예를 들어, 퀵벅은 대형 트럭으로 도로를 손상시키면서 납세자의 돈을 들게 하고 있지만, 이러한 국가 기반 시설을 보수하는 데는 아무런 기여를 하지 않고 있다. 퀵벅은 자신들이 일자리를 제공하고 있고 GDP에도 기여한다고 주장할 수 있다. 하지만 다른 모든 기업이 그러한 기여를 하고 있고, 동시에 사회 기반 시설에도 기여하고 있다.

퀵벅은 부과된 세금이 더 적기 때문에 더 높은 경쟁력을 가질 수 있다. 그것은 정당하게 자기 몫을 내고 있는 다른 기업들의 거래 기회를 빼앗는 것일 수 있다. 과연 이것이 훌륭한 사업 방식일까? 아니면 법의 허점을 악용하는 비윤리적인 행위일까?

조세 회피에 따른 손실

이러한 조세 회피는 비교적 드물게 발생할 것이라 여겨지지만, 실제로는 그렇지 않다. 기업이 세율이 낮은 국가를 통해 자금을 우회하는 것을 '수익 세탁(profit laundering)'이라고 한다. 기업들의 수익 세탁과 그 외 세금 회피 전략, 그리고 조세 피난처를 이용하는 개인들로 인해 2021년 전 세계적으로 4270억 달러의 세금 손실이 발생했다. 2021년 경제협력개발기구(OECD)가 집계한 그해 전 세계 원조 금액은 1790억 달러였다. 만약 조세 피난처의 허점을 막는다면 원조는 아예 필요하지 않을 수도 있다.

영국의 종속국과 영토 또는 영연방 국가들은 조세 피난처 목록에서 상위를 차지하고 있으며, 영국 자체는 조세 피난처의 100개국 중

13위를 차지하고 있다. 이러한 수익 세탁 때문에 영국은 큰 세수 손실을 보고 있는 국가 중 하나다.

조세 회피를 위한 자회사 거래

퀵벅이 세금 부담을 줄이기 위해 사용할 수 있는 방법은 또 있다. 퀵벅은 아주 낮은 가격에 자사에 물건을 판 다음, 법인세가 낮아서 수익을 내는 데 전혀 불리하지 않은 지역으로 상품을 이동시킬 수 있다. 또 다른 방법으로는 다른 나라에서 자사에 엄청난 이자율을 적용해 돈을 빌려주는 방식을 통해 세금이 낮은 국가로 돈을 옮기는 방법이 있다.

영국 정부에 따르면 세계 무역의 50~60퍼센트가 같은 기업 내 자회사 간의 거래로 이루어진다고 보고 있다. 이는 수익 세탁을 할 수 있는 충분한 여지를 제공한다.

세율 차이를 노린 이상한 가격 책정의 예로는, 0.04달러에 팔린 중국산 TV 안테나, 528달러에 판매된 미국산 불도저가 있다. 반대로 터무니없이 높은 가격에 거래된 품목으로는 개당 5485달러에 판매된 독일산 톱날, 4896달러에 판매된 일본산 핀셋이 있다.

끝없는 세금 회피

소비자의 압력과 정부의 개입에도 불구하고 큰 변화는 없었다.

2012년 영국 정부는 아마존, 스타벅스, 구글을 조사하고 심문했으며, 공공회계위원회 증언에서 이들을 '불공정하다', '비도덕적이다', '용납할 수 없는 말도 안 되는 소리'를 한다고 강력하게 비판했다. 유럽연합의 조세 담당 집행위원은 다국적 대기업이 '공격적인 세금 계획'을 활용할 수 있는 허점을 막자고 제안했다. 하지만 일부 기업의 자발적 세금 납부가 잠시 이어진 후, 상황은 다시 예전으로 돌아갔다.

2018년 구글은 영국에서 6700만 파운드의 세금을 납부했는데, 전문가들이 추정한 15억 파운드에는 한참 못 미치는 금액이었다. 2020년 아마존은 유럽연합에서 약 440억 달러의 매출을 올렸지만, 법인세를 전혀 내지 않았고, 오히려 12억 달러의 손실을 신고했다. 스타벅스의 경우는 2021년 영국에서 3억 2800만 파운드의 매출을 올렸지만, 납부한 세금은 고작 500만 파운드에 불과했다.

24

국제 무역, 모두가 이득을 보는 걸까

교통과 인터넷의 발달로
국제 무역이 그 어느 때보다도 쉬워졌다.

자기 나라에서 생산된 상품을 사는 것이 좋을지, 아니면 세계 시장을 이용하는 것이 좋을지 판단하기 어려울 때가 있다. 국산품을 사는 것이 자국 경제에 좋을 것 같지만, 그렇게 간단하지만은 않다. 국제 무역이 성장한 데는 이유가 있다. 국제 무역은 세계 생산성을 극대화하는 데 도움을 줄 수 있지만, 동시에 복잡한 문제를 불러일으키기도 한다.

자유무역과 보호무역

국제 무역에 대한 두 가지 접근 방식은 자유무역과 보호무역이다. 국가 간에 제약이나 관세, 장벽 없이 이루어지는 무역을 자유무역이라 한다. 반대로, 수입을 금지하거나 수입품에 더 높은 세금을 부과하거나 쿼터제로 수입을 제한해 국내 생산을 보호하려는 입장은 보호무역이다. 양쪽 모두 장단점이 있다.

한 나라가 어떤 물건을 값싸게 생산하는 데 능숙하다면, 자유무역은 그 물건을 다른 나라 시장에까지 대량으로 공급해 그 나라의 생산을 위축시킬 수 있다. 물건을 좀 더 싸게 살 수 있는 면에서 소비자에게는 좋지만, 그 지역 생산자들에게는 사업을 접어야 하는 위험 요소가 된다. 보호무역 시장에서는 생산자들이 열심히 노력할 필요 없이, 낮은 품질의 상품을 높은 가격에 팔 수 있다. 경쟁이 없기 때문에 소비자들은 더 나은 제품이나 더 저렴한 대체품을 접하는 것조차 불가능하다.

무역과 선택

국제 무역의 한 가지 분명한 장점은 소비자들에게 더 많은 선택권을 준다는 것이다. 어떤 나라도 모든 상품의 생산에 필요한 자원과 조건을 완벽하게 갖추고 있지는 않다. 무역 덕분에 우리는 우리 기후에서는 자라지 않는 과일이나 채소를 살 수 있고, 우리 땅에서 채굴되지 않는 금속으로 물건을 만들 수 있다. 국제 무역이 없으면 스칸디나비아 지역의 소비자들은 결코 망고를 즐길 수 없으며, 영국의 어느 누구도 홍차를 마실 수 없을 것이다. 또한 미국인들의 경우 실크 스카프를 두를 수 없을 것이다.

전문화와 무역의 이점

사람들이 자급자족적 생활에서 특화된 직업을 갖는 상업적 경제로 이동하면서 노동 분업은 생산성을 향상시켰다. 세계 시장에서도 전문화를 장려할 만한 충분한 이유가 있다.

예를 들어, 이탈리아는 올리브 생산에 뛰어나고, 아프가니스탄은 염소 생산에 뛰어나다고 가정해 보자. 이 논의를 위해 무역 조건이 완벽히 갖춰져 있고, 이탈리아와 아프가니스탄 모두 다른 종류의 생산에는 자원을 투입하지 않으며, 운송비나 보관비 같은 복잡한 비용도 없고, 두 나라 모두 올리브와 염소에 대한 수요가 잘 형성되어 있다고 설정해 보자.

이탈리아와 아프가니스탄은 국내 시장의 올리브와 염소 수요를 충족하려고 노력하고 있고, 두 나라의 생산량은 다음과 같다.

	올리브(만 톤)	염소(만 마리)
이탈리아	400	100
아프가니스탄	200	300
합계	600	400

올리브 생산의 뛰어난 이탈리아가 염소 사육을 포기하고 올리브 재배에 주력하면 올리브 생산량을 크게 늘릴 수 있다. 마찬가지로, 아프가니스탄이 올리브 재배를 포기하고 염소에 집중한다면 염소가 넘쳐날 정도로 풍부하게 생산할 수 있을 것이다.

	올리브(만 톤)	염소(만 마리)
이탈리아	800	0
아프가니스탄	0	550
합계	800	550

전체적으로, 각 나라의 농부들이 그들이 잘하는 것과 땅에 가장 적합한 것에 집중함에 따라 염소와 올리브 생산량이 증가했다. 효율

성과 생산성 모두 증가한 것이다. 이탈리아에서는 올리브 농부들이 우위를 점하고 있는데, 뛰어난 재배 능력으로 절대 우위를 갖고 있고, 아프가니스탄의 염소 농부 역시 전문성과 자원을 바탕으로 절대 우위를 갖고 있다. 두 나라는 무역을 통해 늘어난 생산량이 주는 이익을 공유할 수 있다. 이탈리아와 아프가니스탄의 국민들은 더 많은 올리브와 염소를 즐길 수 있으며, 만약 생산량이 너무 많다면 다른 나라와의 무역을 통해 또 다른 상품을 얻을 수 있다.

비교우위와 무역의 효율성

한 나라가 무역 상대국보다 모든 것을 더 잘 생산한다면 어떻게 될까? 볼리비아와 브라질을 예로 들어 보자. 이 두 나라는 커피와 코코아만을 생산하고 있고, 브라질이 커피와 코코아 생산을 볼리비아보다 더 잘한다고 다음과 같이 가정해 보자.

	커피(만 톤)	코코아(만 톤)
브라질	800	400
볼리비아	100	300
합계	900	700

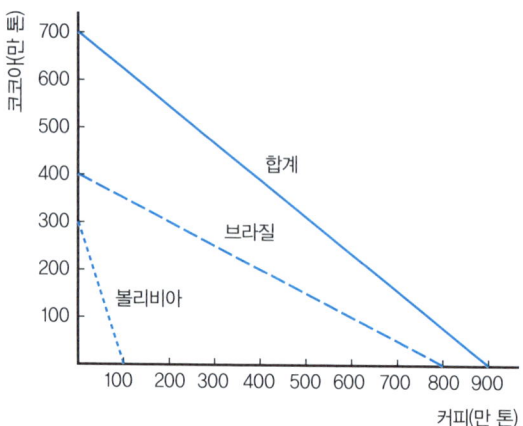

생산가능곡선(아래 그림)을 이용해 두 나라의 커피 및 코코아 생산

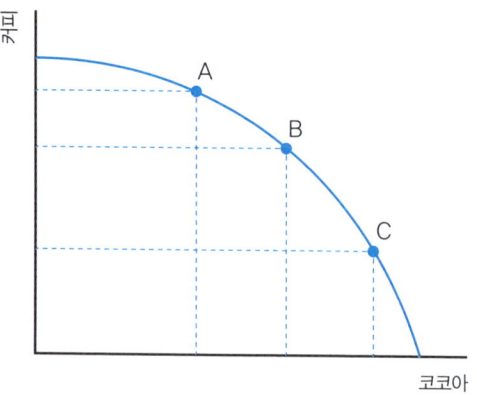

커피와 코코아의 생산가능곡선

잠재력을 나타낼 수 있다. 생산가능곡선의 A, B, C 지점은 브라질이 두 제품에 자원을 어떻게 분배할 수 있는지를 보여 준다.

브라질은 커피를 더 많이 생산할 수 있지만 코코아를 생산하지 않을 경우에만 가능하므로 코코아에 기회비용이 발생한다. 브라질은 코코아를 생산하는 것보다 커피를 생산하는 것이 두 배 더 효율적이다. 다시 말하면, 코코아 1톤을 추가로 생산하려면 커피 2톤을 포기해야 한다. 이렇듯 브라질은 커피 생산에 비교우위(comparative advantage)를 가지고 있다. 커피와 코코아의 톤당 수익이 동일하다고 가정하면 브라질은 더 효율적으로 생산할 수 있는 커피에 집중하는 것이 훨씬 더 유리하다. 그런 다음, 볼리비아와의 무역을 통해 코코아를 얻으면 된다.

볼리비아는 코코아 생산에 비교우위를 가지고 있다. 비록 볼리비아의 코코아 생산이 브라질만큼 효율적이지는 않지만, 커피 생산에 비해서는 상대적으로 효율적이라고 할 수 있다. 즉, 볼리비아는 코코아 생산이 더 나은 선택이므로 코코아 생산에 집중하는 것이 유리하다.

만약 브라질이 코코아 생산을 포기하고 볼리비아가 커피 생산을 포기한다면 두 나라의 생산량은 다음과 같을 것이다.

	커피(만 톤)	코코아(만 톤)
브라질	1600	0
볼리비아	0	600
합계	1600	600

이러한 생산량은 커피를 즐겨 마시는 사람들에게는 반가운 소식이지만, 초콜릿 애호가들에게는 좋지 않은 결과다. 예전보다 코코아는 적게 생산되고, 커피는 훨씬 더 많이 생산되기 때문이다. 가장 이상적인 해결책은 볼리비아가 커피 생산을 포기하고, 브라질은 적당량의 코코아를 생산해 수요를 충족시킬 수 있도록 하는 것이다. 그렇다면 최종 생산량은 다음과 같을 것이다.

	커피(만 톤)	코코아(만 톤)
브라질	1400	100
볼리비아	0	600
합계	1400	700

만약 볼리비아에서 국산품 애용 운동이 벌어져 볼리비아 국민에게 자국산 커피 구입을 장려한다면 볼리비아의 경제 상황은 나아지는 게 아니라 오히려 악화될 것이다. 자신들이 가장 잘 생산하지 못

하는 작물을 재배해야 하기 때문이다.

무역을 위한 교환 비율

무역을 하려면 두 나라는 커피와 코코아(또는 올리브와 염소)의 교환 비율을 정해야 한다. 분명한 것은, 두 나라 모두 자국에서 그 상품을 생산하는 데 드는 비용만큼의 가격을 지불하고 싶어 하지는 않을 것이라는 점이다. 만약 그렇다면 무역을 할 이유가 없기 때문이다. 브라질의 커피 1톤의 기회비용은 코코아 0.5톤과 같으므로, 다음과 같이 정리할 수 있다.

커피 1 = 코코아 ½

볼리비아는 커피 1톤을 생산할 때 코코아 3톤을 생산하므로, 이에 해당하는 식은 다음과 같다.

커피 1 = 코코아 3

두 나라는 각자가 원하는 커피와 코코아를 얻기 위해 기회비용을 지불하는 것보다 더 유리한 조건을 설정하고 싶어 한다. 그렇다면 코코아 1톤당 커피 0.5~3톤 사이에서 교환 비율을 정해야 한다. 이 경우에, 커피 1과 코코아 1을 교환하면 두 나라 모두 더 나은 결과를 얻을 수 있지만, 볼리비아가 더 많은 이득을 얻게 된다. 그래서 두 나라는 다음의 조건으로 교환 가격을 정할 수 있다.

커피 1 = 코코아 1¾

이 경우가 ½과 3 사이의 중간값이기 때문이다.

글로벌 경쟁

한 나라가 글로벌 경쟁력을 갖추려면 여러 시장에서 비교우위를 가져야 하며, 이를 통해 무역 파트너를 찾을 수 있어야 한다. 천연자원은 한 나라에 유리한 조건을 준다. 예를 들어, 쿠웨이트는 석유 부존국이고, 시칠리아는 레몬 재배에 적합한 기후이며, 아이슬란드는 어장이 풍부한 바다로 둘러싸여 있다.

국가는 인적 자원을 개발하거나 구축하고자 하는 시장에 투자함으로써 스스로 경쟁 우위를 갖출 수도 있다. 국제 무역의 관점에서,

구축되는 시장이 수출이 가능한 분야라면 더욱 유리하다. 가령 아이슬란드가 썰매 제조 기술이 완벽해 훌륭한 썰매를 만든다고 해서 글로벌 경쟁력을 높일 수는 없을 것이다. 다른 여러 나라가 썰매를 원하는 건 아니기 때문이다.

글로벌 경쟁력을 결정하는 요인

한 나라가 세계 시장에서 성공적인 무역을 할 수 있을지는 여러 요인에 의해 결정된다. 국가의 글로벌 경쟁력 부족은 때때로 가격과 관련이 있다.

- **환율:** 한 나라의 통화가 강세이고 다른 나라의 통화가 약세일 경우, 전자가 후자에게 상품에 대해 충분한 가격을 지불하도록 설득하는 게 어려워져 무역의 수익성이 떨어진다.
- **물가상승률:** 한 나라의 물가상승률이 다른 나라보다 높을 경우, 그 나라의 수출품 가격은 수입국에서 실질적으로 올라가게 된다.
- **단위 노동 비용:** 제품 하나를 생산하는 데 드는 인건비가 오르면 수출업자의 비용이 증가하게 되고, 수입국에서도 그 제품은 더 비싸진다.

한 국가의 경쟁력 부족에는 다음과 같은 요인들도 있다.

- **제품의 품질:** 한 국가가 품질이 낮은 제품을 생산한다면 경쟁 시장에서 이 상품을 판매하기는 어려울 것이다.
- **서비스 품질:** 훌륭한 애프터서비스와 신속한 배송은 추가 거래를 이끄는 신뢰를 쌓아 주지만, 부실한 서비스는 거래를 놓치게 만든다.
- **정치:** 인도주의적 우려, 억압적인 정권에 대한 반감 또는 환경 문제에 대한 우려로 사람들은 특정 국가에서 생산된 제품을 구매하지 않을 수 있다. 예를 들어, 중국 공장 노동자와 위구르 무슬림에 대한 인권 문제로 일부 사람들은 중국산 제품을 불매했고, 코코넛 수확에 원숭이를 강제로 이용하는 것에 대한 문제로 태국산 코코넛 밀크 제품 판매가 감소하기도 했다.
- **소득 탄력성:** 소득 탄력성은 소비자의 소득 변화에 따른 특정 상품의 수요 변화를 나타낸다. 한 나라의 소비자들이 수입품을 구매할 경제적 여유와 동기가 없다면, 수출업자들은 그 시장에서 성공하기가 어려울 것이다.
- **민족주의:** 사람들은 자국에서 생산된 제품을 더 선호할 수 있다.

무역 장벽

정부는 자국 생산자를 보호하기 위해 국제 무역에 장벽을 도입하기도 한다. 관세나 특정 상품의 수입량을 제한하는 쿼터 부과 등이 그런 예다. 그러나 이러한 보호무역 정책에서는 일반적으로 승자보다 패자가 더 많다.

승자는 자국 시장을 사로잡을 수 있는 국내 생산자들이다. 그들의 제품은 수입품보다 더 비싸거나 품질이 낮을 수 있는데, 그 제품이 소비자들이 선택할 수 있는 전부라면 성공할 것이다. 패자는 소비자를 비롯해 수입품을 판매하려는 국가나 기업이다. 특히 국내 생산자들이 수요를 충족할 정도로 충분히 생산하지 못하는 경우 소비자는 더 많은 돈을 지불하거나 상품을 아예 구매하지 못할 수도 있다.

보호무역 정책은 결국 역효과를 가져올 수 있다. 무역 제한으로 상품을 팔 수 없게 된 국가들이 관세나 쿼터제를 도입하는 보복 조치를 할 가능성이 높으며, 이는 보호무역 정책을 시행한 국가의 수출 경쟁력을 약화시키게 된다. 결국 승자는 자국 경제 내 상품 생산자, 그리고 관세로 수입을 거두는 정부다.

관세와 쿼터제 외에도 정부는 자국 산업의 경쟁력을 높이기 위해 보조금을 지급할 수 있다. 또한 테스트 요건과 같은 법률을 추가로 도입해, 해당 국가에 수출하는 데 비용이 더 많이 들거나 어렵게 만들 수도 있다.

규제에 대한 동의

수출자율규제(Voluntary Export Restraint, VER)는 쿼터제와 비슷하지만, 양국이 규제에 합의한다는 점이 다르다. 국가가 자국의 수출품에 대한 제한에 동의하는 것이 이상해 보일 수 있지만, 경제적 이점을 가져올 수 있다. 만약 어떤 제품의 공급이 제한되어 수요를 충족시키지 못하면 가격은 오른다. 따라서 수출업자는 시장에 공급하는 제품 수량이 줄어들지만, 개별 제품 가격을 높게 받을 수 있다.

한 예로, 일본과 미국은 1981년부터 1994년까지 미국으로 수입되는 일본 자동차 수량을 제한하는 수출자율규제를 체결했다. 이 협정은 저렴하고 연비가 좋은 일본 자동차가 미국 자동차 산업을 위협하고 있었기 때문에 이루어졌다. 그 결과, 일본 자동차 기업들은 제한된 판매 수량에서 최대의 이익을 얻기 위해 더 크고 고급스러운 차량을 수출하기 시작했다.

자유무역이 최선일까

대부분의 경제학자들은 자유무역이 더 나은 선택이라고 믿는다. 자유무역은 비교우위의 원칙을 통해 세계 자원의 가장 효율적인 사용으로 이어질 수 있기 때문이다. 그러나 일부 국가들은 자국의 신생 산업이 치열한 공개 시장에서 경쟁하기 전에 성장할 시간을 주기 위해 무역에 규제를 가하고자 한다. 그러나 이러한 조치는 또 다른 문제를 불러온다. 언제까지 지원을 유지할 것인가? 만약 해당 산업에 대한 계획이 잘못된 것이어서 그 국가가 그 분야에서 비교우위를 가지지 못한다면 어떻게 할 것인가?

규제를 찬성하는 또 다른 이유는 한 국가의 시장에 값싼 물건을 공격적으로 덤핑해 국내 경쟁을 무너뜨리는 것을 방지하기 위해서다. 자유무역을 감시하는 세계무역기구(WTO)는 각국이 이러한 행위에 대응할 수 있도록 규정을 마련하고 있다.

좀 더 설득력 있는 주장은 한 국가가 주요 원자재를 다른 국가에 전적으로 의존하는 것은 위험하다는 점이다. 만약 식량이나 연료, 필수 원자재의 국내 공급이 전혀 없다면 다른 국가로부터 거액의 돈을 요구받을 수도 있고, 전쟁이나 다른 재앙이 발생했을 때 공급이 끊겨 위기에 처할 수도 있다.

유럽연합은 공동농업정책을 통해 유럽 농민들에게 지급되는 가격을 유지하는 데 많은 예산을 쓰고 있다. 식량 시장이 비유럽국가의 값싼 식량에 완전히 장악당하는 것을 막기 위한 조치다(16장 참조). 이상적인 세계에서는 무역 동맹국들이 곡물, 가스, 철강 등을 꾸준히 공급해 줄 것으로 기대할 수 있지만, 현실이 꼭 그렇지는 않다.

2020~2023년, 코로나19 팬데믹으로 인해 중국 내 생산이 줄어들어 많은 종류의 상품 수출이 감소했고, 러시아의 우크라이나 침공으로 유럽으로 가는 가스 공급이 차단되면서 세계 경제에서 심각한 영향을 미쳤다.

자유무역에 반대하는 가장 설득력 있는 주장은 옥스팜, 소비자 인터내셔널(Consumers International), 지구의벗(Friends of the Earth)이 제기한 내용일 것이다. 이 단체들은 자유무역이 세계 경제 전체에 이익을 발생시키지만, 이 이익은 몇몇 거대 다국적 기업에 돌아갈 뿐이며, 그 결과 피해를 보게 되는 것은 개발도상국과 대부분의 소비자, 그리고 환경이라고 지적한다.

이미지 출처

게티이미지(Getty Images): 186, 241, 275, 281
123RF: 26, 104, 137, 140, 151, 179, 196, 208, 284
셔터스톡(Shutterstock): 16, 17, 19, 36, 45, 169, 227
위키피디아(Wikipedia) 33, 75, 219
위키미디어 커먼스(Wikimedia Commons) 98, 101, 248
미국 의회 도서관(Library of Congress) 247

생각보다 이상한 경제 이야기

초판 1쇄 인쇄 2025년 6월 9일
초판 1쇄 발행 2025년 6월 16일

지은이 앤 루니
옮긴이 최정임
펴낸이 김주연
펴낸곳 베누스

출판등록 2024년 7월 19일 제2024-000104호
주소 경기도 파주시 재두루미길 150, 3층 (신촌동)
전화 031-957-0408
팩스 031-957-0409
이메일 venusbooks@naver.com

ISBN 979-11-989626-1-4 03320

*책값은 뒤표지에 있습니다.
*잘못된 책은 구입한 곳에서 바꾸어 드립니다.